JLA
図書館実践シリーズ 32

NDCの手引き

「日本十進分類法」新訂10版入門

小林康隆 **編著**
日本図書館協会分類委員会 **監修**

日本図書館協会

NDC Guidebook : An Introduction to the Nippon Decimal Classification Newly rev. 10th ed.

(JLA Monograph Series for Library Practitioners ; 32)

NDCの手引き ： 「日本十進分類法」新訂10版入門 ／ 小林康隆編著 ： 日本図書館協会分類委員会監修. － 東京 ： 日本図書館協会, 2017. 208p ； 19cm. － （JLA 図 書 館 実 践 シ リ ー ズ ； 32）. － ISBN978-4-8204-1700-2

t1. エヌ ディー シー ノ テビキ a1. コバヤシ, ヤスタカ a2. ニホン トショカン キョウカイ
s1. 図書分類法 ① 014.45

はじめに

ネットワークを介して複数の図書館の「オンライン閲覧目録」（OPAC）を一括して検索する，現在の「総合目録」や「横断検索」の時代では，主題検索のためのアクセスポイントとして機能するとともに，検索した結果を主題でのグルーピングにより一覧表示するために用いられる分類記号を付与する分類作業は，各図書館共通の指針に基づくことが望ましい。

そして，個々の図書館レベルのみにとどまらず，図書館間相互運用を可能とし情報交換を支えるために組織をまたいで一貫した方針に基づいた分類作業を実現し，利用者に対してどの図書館の蔵書でも同じやり方での主題検索を可能にするためには，各図書館共通の標準分類法が必要不可欠となる。

さらに今日では，標準分類法には図書館の蔵書のみではなく，インターネット上の情報資源をも含めた，さまざまな形態の情報資源へアクセスするための共通のツールとしての可能性も期待されている。

こうした中，日本の図書館における標準分類法である『日本十進分類法』（NDC：Nippon Decimal Classification）の重要性は，これまで以上に増していると思われる。

本書は，NDC の最新版である新訂 10 版の各図書館に共通する使い方に関する解説書である。まず第Ⅰ部において，NDC の全体像について概観する。次に第Ⅱ部において，各図書館に共通する NDC の基本的な使用法について，『日本十進分類法 新訂 10 版』の第 2 分冊の「『日本十進分類法 新訂 10 版』の使用法」よりの

はじめに………iii

抜粋で確認する。最後に第Ⅲ部において，分類記号付与（実務）に際し，判断に迷うケースや関連する分類項目間の選択の仕方などについて具体例をあげ，実務的・実践的に解説する。本書が，NDC を用いた分類作業に関する理解を深める一助となれば幸いである。

　なお，第Ⅲ部の解説や例示に関しては，日本図書館協会分類委員会での審議に基づいて編著者が作成したものである。非才ゆえの誤解や過誤が危惧される。これらに気づかれた場合には，ぜひ分類委員会までご連絡いただきたい。次の改訂に際しご指摘を反映させ，よりよいものをめざしたいと願っている。

2017 年 1 月

小林康隆

目 次

はじめに　iii

第Ⅰ部　日本十進分類法
(NDC：Nippon Decimal Classification) …… 1

●1章●　NDCの概要 —————————————— 2

　1.1　NDCとは　2
　1.2　NDCの体系・構造・記号法　2

●2章●　NDCの分類表 ————————————— 6

　2.1　分類表の構成　6
　2.2　十進記号に合わせた区分調整　10

●3章●　細目表の構成要素 ———————————— 13

　3.1　分類項目　13
　3.2　分類注記　15
　3.3　参照　16

●4章●　補助表 —————————————————— 18

　4.1　一般補助表　18
　4.2　固有補助表　19

目 次

●5章●　相関索引 ———————————————————————— 20

　　5.1　意義と構成　　20
　　5.2　特徴　　20

●6章●　NDC新訂10版の新たな特徴 ———————————— 22

　　6.1　判型　　22
　　6.2　装丁・紙面　　22
　　6.3　構成　　23
　　6.4　主題検索ツール　　24
　　6.5　「情報学および関連領域」の整理　　25

第Ⅱ部 NDCの使用法 ———————————— 27

●1章●　分類作業 ———————————————————————— 28

　　1.1　書誌データの作成と分類作業　　28
　　1.2　主題分析　　29
　　1.3　記号への変換　　35

●2章●　分類規程 ———————————————————————— 37

　　2.1　一般分類規程　　39

contents

●3章● **各類における分類記号の付与** ································ 47

●4章● **番号構築(ナンバービルディング)** ················ 48

    4.1　一般補助表　48
    4.2　固有補助表　54
    4.3　細目表中の他の分類記号を用いた番号構築　56

●5章● **相関索引の使用法** ·· 57

    5.1　利用の意義　57
    5.2　限定語と合成語の活用　57
    5.3　相関索引で地理区分記号,海洋区分記号を調べるための
       方法　58

（第Ⅲ部）**NDCマニュアル** ······················· 59

    凡例　60

●1章● **補助表** ·· 62

    1.1　一般補助表　62
    1.2　固有補助表　84

目 次

●2章● 細目表··· 86

2.1 0類　　86
2.2 1類　　102
2.3 2類　　107
2.4 3類　　119
2.5 4類　　139
2.6 5類　　145
2.7 6類　　153
2.8 7類　　160
2.9 8類　　165
2.10 9類　　169

資料　日本十進分類法　新訂10版　区分表　　177

事項索引　　191
分類記号索引　　198

第 I 部

日本十進分類法
(NDC: Nippon Decimal Classification)

第 I 部では，NDC の全体像について概観する。

1章 NDCの概要

1.1 NDCとは

　1928年にもり・きよし（森清，1906-1990）が青年図書館員聯盟の機関誌『圕研究』に掲載した「和洋図書共用十進分類表案」を1929年に『日本十進分類法：和漢洋書共用分類表及索引』と改題し刊行したものが，NDCの最初の版である。1950年刊行の新訂6版以降は，日本の図書館界共通の財産として，日本図書館協会分類委員会が改訂・維持・管理している。

　2008年4月に日本図書館協会により全国の公共図書館，大学図書館を対象に実施された「図書の分類に関する調査」によれば，和書については公共図書館の99％，大学図書館の92％が採用している[1]。日本の大多数の図書館において採用されている標準分類法である。

　最新版は，2014年12月に「1　本表・補助表編」と「2　相関索引・使用法編」の2分冊構成で刊行された新訂10版である。

1.2 NDCの体系・構造・記号法

（1）　基本体系
　NDCの分類体系は，世界の主要な分類表と同じようにま

ず知識の体系に着目し，NDC 初版当時，デューイ（Melvil Dewey, 1851-1931）の『デューイ十進分類法』（DDC: Dewey Decimal Classification）よりも理論的に優れているといわれた，カッター（C. A. Cutter, 1837-1903）の『展開分類法』（EC: Expansive Classification）の体系に基づき主要な主題分野を設定・配列し，第 1 次区分（類または主類）としている。

NDC，EC，DDC の第 1 次区分の比較表

NDC		EC		DDC	
0	総記	A	総記	0	総記
1	哲学	B-D	哲学・宗教	1	哲学
2	歴史	E-G	歴史諸科学	2	宗教
3	社会科学	H-K	社会科学	3	社会科学
4	自然科学	L-Q	自然科学	4	言語
5	技術	R-U	技術	5	純粋科学
6	産業	V-W	芸術	6	技術
7	芸術	X	言語	7	芸術
8	言語	Y	文学	8	文学
9	文学	Z	図書学	9	地理・歴史

（2）観点分類法

現在普及している全主題分野を網羅した分類法の多くと同様に，NDC は観点分類法に属している。著者がどのような視点・観点（主題分野）から主題をみているのかを優先し，その特定の視点・観点の下に分類する方法を採った分類法である。したがって，一つの主題が必ずしも分類表の一か所に分類されるのではなく，その視点・観点に基づきそれぞれの

1章　NDCの概要………3

主題分野に分散して分類されることになる。

　例えば、「石」は、建築材料の石であれば建築学の下の石材に分類されるが、庭園の庭石であれば造園の下の庭石に分類される。さらに、石を素材とした彫刻であれば彫刻の下の石彫に分類される。主題が観点によって分散されて分類されることは、主題を言葉で集め、配列した「相関索引」で確認することができる。

(3)　列挙型分類法

　NDC は複合主題や複数の主題などを含め、すべての主題に対応した分類項目を可能な限り設定・列挙して、その用意された分類項目の記号を付与することを原則とした列挙型分類法である。しかし、すべての主題を予測・用意するのは、現実的に不可能なので、主題内容を正確に表す分類記号を与えることができない場合もあるが、多くのケースでは既製記号の付与で済むことから、実務性としての評価は高い。

　現実には、完全に列挙型の分類法はなく、NDC を含め今日の主要な分類法は、補助表などを用いて記号の合成を行うことができるようにしている。

(4)　十進記号法

　NDC は DDC にならって、万国共通の記号であるアラビア数字による十進記号法を採用した十進分類法である。

　十進記号法は単純、明快にして階層構造を理解しやすく、記号の伸縮が自由で展開性に富んでいる。記号の桁数は、表全体を通じて必ずしも徹底しているわけではないが概念の階層を示している。

4	自然科学
41	数学
411	代数学
411.3	線型代数学
411.35	行列. 行列式. 多項式

注

1) 大曲俊雄「わが国における図書分類表の使用状況：日本図書館協会『図書の分類に関する調査』結果より」『現代の図書館』2010, vol.48, no.2, p.129-141

2章 NDCの分類表

2.1 分類表の構成

NDC の分類表は，分類体系を概観するための要約表として，「第 1 次区分表（類目表）」「第 2 次区分表（綱目表）」，「第 3 次区分表（要目表）」と分類作業に使用するための本体の表である「細目表」および「補助表」とで構成されている。

まず人類の全知識から，主要な学術・研究領域を列挙して第 1 次区分表を編成する。これらの項目は「類」(class) または「主類」(main class) と呼ばれることから「類目表」とも呼ばれる。主要な領域を 1〜9 の九つの記号に割り振り，百科事典や一般論文集，一般叢書などの各類にまたがる総合的な資料および図書館学や書誌学のように，1〜9 の第 1 次区分に列挙されなかった領域を総記と名付け 0 で表示し，合計 10 区分にグルーピングする。

0	総	記	（情報学，図書館，図書，百科事典，一般論文集，逐次刊行物，団体，ジャーナリズム，叢書）
1	哲	学	（哲学，心理学，倫理学，宗教）
2	歴	史	（歴史，伝記，地理）
3	**社会科学**		（政治，法律，経済，統計，社会，教育，風俗習慣，国防）
4	自然科学		（数学，理学，医学）

6………第Ⅰ部　日本十進分類法

5	技　　術	（工学，工業，家政学）
6	産　　業	（農林水産業，商業，運輸，通信）
7	芸　　術	（美術，音楽，演劇，スポーツ，諸芸，娯楽）
8	言　　語	
9	文　　学	

　次いで各類にそれぞれの領域にふさわしい区分原理を適用して9個の区分肢を設け，0の総記と合わせ10区分し第2次区分表（合計100区分）を編成する。これらの項目は「綱」（division）と呼ばれることから「綱目表」とも呼ばれる。第2次区分以下の展開では，日本の図書館での使用を勘案し，地域としての日本，言語としての日本語，日本の文化・事情などを優先・重視した編成となっている。

30	**社会科学**	
31	政　　治	
32	法　　律	
33	経　　済	
34	財　　政	
35	統　　計	
36	社　　会	
37	**教　　育**	
38	風俗習慣．民俗学．民族学	
39	国防．軍事	

　さらに第2次区分表の各綱目に同様に9個の区分肢を設け，0の総記と合わせ10区分し第3次区分表（合計1000区分）

を編成する。これらの項目は「目」（section）と呼ばれ，NDC の基準とする表であることから「要目表」とも呼ばれる（ただしこの段階に至ると，未使用項目（空番）もみられる）。

370	教　　育
371	教育学．教育思想
372	教育史・事情
373	教育政策．教育制度．教育行財政
374	学校経営・管理．学校保健
375	教育課程．学習指導．教科別教育
376	幼児・初等・中等教育
377	大学．高等・専門教育．学術行政
378	障害児教育［特別支援教育］
379	**社会教育**

　第 4 次区分からは，それぞれの主題に応じて必要にして十分なまで展開していく。細区分は文献的根拠に基づいて，必要な主題は展開がなされ，必要でない場合は展開されない。このように，第 4 次区分以降は第 3 次区分までのように，一律に記号の展開が行われるわけではない。こうしてできたのが，NDC の本表となる「細目表」である。

379	社会教育
379.1	社会教育行財政・法令
379.2	社会教育施設：公民館，公会堂，コミュニティセンター
379.3	青少年教育・団体．児童文化活動
379.31	子　供　会

379.32	少　年　団
379.33	ボーイスカウト. ガールスカウト
379.35	青年学級. 青年団
379.4	成人教育
379.46	女性教育
379.47	高齢者教育
379.5	集会学習. 視聴覚教育
379.6	集団学習. サークル活動
379.7	通信教育. 独学
379.8	教化運動
379.9	家庭教育
379.91	家庭におけるしつけ
379.911	幼　児　期
379.915	少年・少女期
379.917	青　年　期
379.93	早　教　育
379.95	家庭教師
379.98	両親再教育

　分類記号が3桁を超える場合には，3桁目と4桁目の間にピリオドを付す。数字は大きさを表す自然数ではなく，ピリオドは記号を見やすくするための便宜的なものなので，記号の読み方は，例えば323.14「サンニサン テン イチヨン」と読む。

2.2 十進記号に合わせた区分調整

　十進記号法は，主題の階層構造を数字の桁数により表現できるわかりやすい記号法（このことを「階層表現力」のある記号法という）なので，この記号法を採用した十進分類法が世界の多くの図書館で使用されている。しかし，常に9区分することに縛られるので，分類体系の表示よりも記号法を優先することになる。

　ところが，情報資源の主題には，それぞれの主題に応じて9以上の区分が必要な場合もあれば，9以下の区分で十分な場合もある。そのためNDCでは，以下のような方法により区分調整を行い，9区分に収める工夫をしている。

(1)　9区分を超える場合

① 関連性の高いものを同一記号にまとめて，区分の数を減らす。

　　例：646　家　　禽

　　　.1　にわとり．養鶏業

　　　.2　七面鳥．雉．ほろほろ鳥．駝鳥

　　　.3　くじゃく

　　　.4　う　ず　ら

　　　.5　は　　　　と

　　　.7　あひる．がちょう

　　　.8　小鳥．飼鳥

　　　.9　みつばち．養蜂．昆虫

② 主要なものを1〜8に区分し，最後の9を「その他」とする。

例：570　化学工業

　　　　571　　化学工学. 化学機器

　　　　572　　電気化学工業

　　　　573　　セラミックス. 窯業. 珪酸塩化学工業

　　　　574　　化学薬品

　　　　575　　燃料. 爆発物

　　　　576　　油　脂　類

　　　　577　　染　　　料

　　　　578　　高分子化学工業

　　　579　　その他の化学工業

③　同桁数（同格）の記号に余裕がない場合には，下位区分
　の未使用項目（空番）に上位区分を降格させる。この処置
　は，十進記号法の階層表現力を崩す結果となるので，分類
　項目名の表示位置を一文字上げることで階層関係を明示す
　る。こうした項目を「不均衡項目」と呼ぶ。

　　例：364.4　　健康保険. 国民健康保険

　　　.48　　介護保険

(2)　9区分に満たない場合

①　短い記号の未使用項目（空番）を増やさないために，本
　来ならば一桁長い記号となるはずの下位区分を上位区分と
　同桁数（同格）の記号に昇格させる。この処置も，十進記
　号法の階層表現力を崩す結果となるので，分類項目名の表
　示位置を一文字下げることで階層関係を明示する。こうし
　た項目を「縮約項目」と呼ぶ。

　　例：487.53　　板鰓類. 軟骨魚類

　　　.54　　　　横口目 [サメ類]

2章　NDCの分類表………11

② 中間見出し〈 〉

　同一区分内に区分原理の異なる分類項目（同格の異なる概念）を途中に同居させる，「分類記号／分類記号　分類項目名」をフランスパーレン（〈　〉）で囲んだ「中間見出し」と呼ばれる分類項目を設け，区分調整を行うと同時に，階層関係の明示を図っている。

　　　例：474　　藻類. 菌類

　　　　　　〈.2／.5　　藻　　類〉

　　　　　.2　　緑藻植物

　　　　　.3　　輪藻植物

　　　　　.4　　褐藻植物

　　　　　.5　　紅藻植物

　　　　　〈.6／.9　　菌　　類〉

　　　　　.6　　藻菌植物

　　　　　.7　　子嚢菌植物

　　　　　.8　　担子菌植物

　　　　　.9　　地　衣　類

3章 細目表の構成要素

3.1 分類項目

分類項目は基本的に以下の要素から成り，それらを補足するために注記・参照が付記される場合がある。

(1) 分類記号

分類表において，特定の主題クラスを示すために用いられる記号。NDC は，アラビア数字による十進記号法を採用している。

例：339 保　　険

(2) 分類項目名

分類記号に対応する概念を言語で表した名辞（語）。一つの分類記号に複数の分類項目名がピリオドで区切って掲げられている場合がある。一般的には一つの分類記号に対し，複数の分類項目名の表す概念の総和が対応している。同義語は角括弧（［　］）で囲まれて示される。

例：673.8　デパート［百貨店］．スーパーマーケット．チェーンストア．ショッピングセンター．ショッピングモール

(3) 分類小項目名

分類項目名の下位概念を表す名辞を，必要に応じてコロン（：）を介して併記したもの。ただし，下位概念がすべて網羅されているわけではない。

> 例：374.6　家庭と学校との関係：PTA，学校父母会，後援会，
> 　　　　　　同窓会

(4) 関連分類項目名（略して関連項目名ともいう）

分類項目名の直接的下位区分とはいえないが，分類項目名の下に改行して示される，概念的に関連した項目名。必ずしも網羅的でなく，例示的な場合もある。

> 例：374.7　学校施設・設備
>
> 　　　　　　校地，校舎，運動場，学校園，学校環境，学
> 　　　　　　校植林，学校防災

(5) 英文項目名

第3次区分までの分類項目名には，英文項目名が付記されている。また，以下の分類項目名にも英語または原綴などが適宜付記されている。

① 2類における外国地名

> 例：257.1　グアテマラ　Guatemala

② 外国人名

> 例：135.54　サルトル　Sartre, Jean Paul, 1905-1980

③ 動・植物の科目名

> 例：489.87　キリン科　Pellicornia

④ 8類における言語名

> 例：859.9　カタロニア語　Catalan

3.2 分類注記

(1) 注記

アステリスク（＊）に続き，分類記号を付与する際に参考となる事項を示している。注記には以下の種類がある。

① 細分注記：分類項目の細分方法（区分原理）を指示する注記。

> 例：071／077 新 聞 紙
>
> ＊発行地による地理区分

② 範囲注記

1) 限定注記：当該分類項目に包含される範囲の限定を指示する注記。

> 例：768 邦 楽
>
> ＊ここには，古来日本に伝わる固有の音楽を収める

2) 包含注記：分類項目名，分類小項目名，関連項目名に表示されていないが，当該分類項目に包含されるものを指示する注記。

> 例：014.75 継続資料：逐次刊行物，更新資料
>
> ＊電子ジャーナルは，ここに収める

3) 排除注記：関連はあるが，当該分類項目の範囲からは除外し，他の分類項目に収めるものを指示する注記。

> 例：380 風俗習慣. 民俗学. 民族学
>
> ＊文化人類学の理論に関するものは，389 に収める

4) 分散注記：特定分野に関連し応用されるものは，それぞれの主題分野の分類項目に分散して収めることを指示

する注記。

例：007　情報学. 情報科学

＊ここには，情報学・情報科学〈一般〉および ソフトウェアを収め，特定主題に関する 情報学は，各主題の下に収める　例：010 図書館情報学，467.3 生命情報学，498 医療 情報学

③　別法注記：標準的な適用法（本則）とは別の，選択可能 な分類項目を指示する注記。

例：572.1　電池. 化学的発電・蓄電池

＊別法：543.9

(2)　注参照

排除注記の機能を「をみよ」参照（→）の形式で示す。ま た，関連する項目を「をもみよ」参照（→：）の形式で示す （「をみよ」参照および「をもみよ」参照については，以下の 3.3（1）， (2) を参照）。

例：572.5　放電化学工業

＊オゾン→ 574.26

例：573.7　ほうろう製品

＊七宝→：751.7

3.3　参照

分類項目間の横断的な関係について，一方の項目から他方 の項目へ，または相互に参照を付してその関係を指示する。

16………第Ⅰ部　日本十進分類法

(1) 「をみよ」参照（一方参照または直接参照ともいう）

通常選択する分類記号を（→）で指示する。

例：[338.29]　国際金融　→ 338.9

(2) 「をもみよ」参照（相互参照または連結参照ともいう）

当該主題と関連する，別の観点の分類記号を（→：）で指示する。

例：527　住宅建築　→：365.3；383.9；597；614.7

4章 補助表

　NDC は列挙型分類法であるが，分類表にすべての分類項目を列挙しようとすると大部なものになり，使いにくいものになってしまう。そこで，共通する項目については補助表として別に用意し，細目表（本表）のみでは主題を十分に表現し尽くせない場合に，必要に応じて細目表の記号と組み合わせて記号を合成（番号構築）する方式を採用している。なお，補助表の記号の一部または全部があらかじめ合成されて細目表の分類記号となっている場合もある。補助表の記号は，単独で用いられることはない。

　NDC には，その適用範囲の相違から「一般補助表」と「固有補助表」の 2 種類の補助表が用意されている。

4.1 一般補助表

　一般補助表は細目表の全分野で適用可能なもの，または部分的であっても二つ以上の類で使用される補助表である。(1) 形式区分，(2) 地理区分，(3) 海洋区分，(4) 言語区分の 3 種 4 区分が用意されている（詳細は，「第Ⅱ部　NDC の使用法」の「4.1　一般補助表」を参照）。

4.2 固有補助表

　一つの類またはその一部分についてのみ，共通に使用される補助表である。(1) 神道各教派の共通細区分表，(2) 仏教各宗派の共通細区分表，(3) キリスト教各教派の共通細区分表，(4) 日本の各地域の歴史（沖縄県を除く）における時代区分，(5) 各国・各地域の地理，地誌，紀行における共通細区分表，(6) 各種の技術・工学における経済的，経営的観点の細区分表，(7) 様式別の建築における図集，(8) 写真・印刷を除く各美術の図集に関する共通細区分表，(9) 言語共通区分，(10) 文学共通区分の 10 種類が用意されている（詳細は，「第Ⅱ部　NDC の使用法」の「4.2　固有補助表」を参照）。

5章 相関索引

5.1 意義と構成

　分類項目は，細目表では分類記号順に配列されている。特定の分類項目の位置を見つける（検索する）ためには，分類項目名などから当該分類記号にたどり着く仕組みである索引が必要となる。

　相関索引は，分類項目名などから直接的に分類記号を検索するための索引である。分類項目名などを五十音順およびアルファベット順に配列し，それに分類記号を対応させたものである。

5.2 特徴

　一般的な図書などの巻末索引は，本文中に現れた事項名などが掲載された本文のページを示すが，相関索引は，本文にあたる細目表中に示された用語のみではなく，その同義語，類語など細目表中にない用語までも必要に応じて採録している。

　また，さまざまな主題分野で使用される用語については，必要に応じ，その観点などを示す限定語を丸括弧「（　）」で囲んで付加している。用語間の関係づけに留意した索引の意

味で,「相関索引」(Relative index) と呼ばれる。

　　　例:アルコール (化学)　　　437.3

　　　　　　　　(工業薬品)　574.83

　　　　　　　　(酒類工業)　588.56

　さらに,複合的な用語 (合成語) については,検索の便宜を考慮して,用語中に含まれる基本的な語から検索し,一覧ができるように工夫している。

　　　例:人類学　　　　　　469

　　　　　経済人類学　　　　331

　　　　　社会人類学　　　　389

　　　　　宗教人類学　　　　163

　　　　　文化人類学　　　　389

(「第Ⅱ部　NDC の使用法」の「5 章　相関索引の使用法」をも参照)

6章 NDC新訂10版の新たな特徴

　実務の継続性確保の観点から，NDC の根幹に関わる体系の変更を伴わない，新訂 9 版までの分類体系の枠内ではあるが，「分類作業が行いやすく，また利用者にもわかりやすい分類表」をめざし，さまざまな改訂を行った。その中から主要な特徴を以下に挙げる。

6.1 判型

　NDC とともに，日本の図書館における情報資源組織の「三大ツール」と呼ばれる，『日本目録規則』（NCR）および『基本件名標目表』（BSH）と判型を揃え，従来の A5 判から B5判に判型を拡大することにより，ページ数の増大による冊子の厚さを抑え，物理的使いやすさを追求した。

6.2 装丁・紙面

　細目表の類ごとに小口見出しを設け，細目表での分類記号検索の利便性を高めた。その他，分類項目や注記の意味を勘案した改ページ位置の調整や階層関係の把握がしやすい全角単位のインデントの採用など，視認性の向上を図った。

6.3 構成

(1) 構成内容の再編

① 「1 本表・補助表編」と「2 相関索引・使用法編」の2分冊構成とし，内容の再編を行った。

新訂9版の「解説」をNDCの分類法としての論理的な解説を重視した「序説」とNDCを使用する際の基本的な事項についての解説を充実させた「使用法」に二分した。

② 分類付与作業における実務上の利便性を重視し，第1分冊と第2分冊のそれぞれの役割の明確化を図った。

第1分冊は，分類付与作業に使用するツールとし，第2分冊は，実務初心者などが必要な際に参照する，第1分冊の補助的・支援的ツールと位置づけた。

(2) 「各類概説」の独立

各類の構造をわかりやすく解説し，区分特性が明確な類では，それを明示し，区分特性が明確でない類では，その独特な構造を解説し，分類の方法や区分の優先順序が理解できるよう全面的な見直しを行った。

(3) 補助表の再編と適用基準の明確化

一般補助表（3種4区分）と固有補助表（10種）の区別を明確にし，再編のうえ「本表・補助表編」に一括収録した。

① 言語共通区分と文学共通区分を固有補助表へ移設した。

② 日本史（210）において，沖縄を除く地方史の時代区分を可能にする固有補助表を新設した。

(4) 「相関索引」の拡充

分類項目新設に伴う新たな索引語の追加，細目表からの索引語収録の拡充，BSH や『国立国会図書館件名標目表』（NDLSH）からの索引語の取り込みなどを積極的に行い，検索しやすく，有用な索引をめざした。

(5) 「用語解説」の新設

広く分類法に関する専門用語を五十音順に収録し，その定義，概念，範囲などに関し，NDC での理解に資するよう簡潔に解説した。

(6) 「事項索引」の新設

「序説」，「各類概説」，「各表の凡例」，「使用法」および「用語解説」に現れる，NDC の理解と運用に関して重要な内容と考えられる用語などを適宜確認，参照できるように用意した。

6.4 主題検索ツール

NDC が，主題検索のツールとしての役割を果たすことに向け，書誌分類法としての要件を備えることをめざした。
① 分類規程を著作の主題情報を分析的・合理的に明確にするための基準とみなし，主題が複数ある場合には，分類重出の検討を推奨した。
② 論理的不整合はできるだけ修正するとともに分類項目の新設にあたっては，論理・階層構造に破綻をきたさぬよう留意した。

③ 注記の種類を整理し，類型化および充実を図った。

④ 次版以降での抜本的改訂に向けた布石ともなる別法注記を増やした。

6.5 「情報学および関連領域」の整理

新訂 10 版の改訂において重要な課題とされていた，情報科学と情報工学の統合可能性の検討では，概念（観点）の明確化を図り，整理した。

① 「情報学一般」に相当する部分は 007 に，また主題分野を限定しない社会学的な観点に関するものは 007.3 を中心に位置づけた。

② 工学・技術的な観点に関するものは 547／548 に位置づけた。

③ 産業・経営・事業に関する観点に関するものは 694 に位置づけた。

観点を明確にすることに加え，関連主題を一か所に集中させることができるように，007.8／.9 に 547／548 の二者択一項目を，548.1 および 548.9 に 007 の二者択一項目をそれぞれ設けた。

6章　NDC新訂10版の新たな特徴………25

第 **II** 部

NDCの使用法

●

●

●

　第II部では、一般的なNDCの適用にあたって留意すべき事柄として、書誌データの作成における分類作業という観点から主題分析の方法、分類規程、番号構築（ナンバービルディング）、相関索引の使用法など、NDCを用いて分類作業を行うため各図書館に共通する、基本となる使用法について解説する。

1章 分類作業

1.1 書誌データの作成と分類作業

NDC の分類記号は，書誌データにおける基本的な書誌事項の一つである。多くの場合，資料の分類（主題順）配架に用いられるとともに，書誌情報における主題検索のためのアクセスポイントとして活用される。そのため NDC による分類作業においては，それらの機能や目的に応じた的確な分類記号の付与をどのように行うかということが重要なポイントとなる。

分類作業とは，対象資料の主題分析により把握した主題を最も的確に示す分類記号を付与することである。複雑な主題の場合は，その主題を十分に表現するために複数の主題要素各々に対応した分類記号の組み合わせが必要となるのが一般的である[1]。しかし，列挙型分類法である NDC では，原則として細目表の分類記号同士を組み合わせることはしない。細目表から対象資料の主題を代表する一つの分類記号を選択することが基本となる。したがって，それを合理的に首尾一貫して行うための作業指針となる「分類規程」に留意しなければならない。

主題検索のアクセスポイントとなる分類記号（書誌分類記号）の場合は，的確かつ適合性が高いだけでなく多面的な検

28 ········第Ⅱ部　NDCの使用法

索に対応する必要がある。したがって，複雑な主題には，
「分類規程」により選択された分類記号一つのみではなく，
主題要素各々に対応した複数の分類記号を積極的に付与（分
類重出）することが望ましい。

1.2 主題分析

　主題とは，資料の中心的あるいは主要な内容のことである。
例えば「この資料は一言で述べると公共図書館の障害者に対
するサービスについて記されたものである」という場合の
「公共図書館の障害者サービス」に相当する。

　主題分析とは，個々の資料の内容を分析し，主題を突き止
め，その主題を構成する概念を確認し，概念間の関係を明ら
かにすることである。上記の例の場合では，図書館情報学と
いう学問分野の文脈において，まず図書館の種類としての
「公共図書館」，次に業務としての「サービス」，さらにサー
ビス対象としての「障害者」という主題の構成要素を確認し
た後に，その構成要素を語と語の結びつきに注意して並べ，
その関係を明確にすることである。

(1)　主題分析の方法（要約法と網羅的索引法）

　主題分析には要約法と網羅的索引法の二つの方法があり，
従来図書館の分類では要約法が採用されてきた。

　要約法とは，資料を包括的にみてどのような主題をもって
いるのかを要約して，それに該当する分類記号を与える方法
である。

　一方，網羅的索引法とは，要約法とは異なり，資料を部分

的に分析し，資料の副次的，周辺的な主題まで網羅的に，分
類記号を付与する方法である。上記の「公共図書館の障害者
サービス」という主題の資料の場合，副次的主題として図書
館建築・設備や社会教育および社会福祉，さらには点字や手
話に関する概念までも扱っているならば，これらの主題に対
しても分類記号を付与する。書誌データにおいては，要約法
だけでは十分に主題を表現できないと考えられる場合には，
網羅的索引法にも留意し，積極的に分類重出を心がける必要
がある。

(2) 主題分析のための情報源（主題内容の把握）

　資料の主題や内容を把握するためには，その資料を読むこ
とが最も適切で正確な方法かもしれないが，分類作業におい
てはできるだけ効率化を図るために，以下のような方法で進
めることが望ましい。

① タイトルを確認する。

　　文学作品を除くと，資料のタイトルは主題内容を表現し
ていることが多い。タイトルから内容を把握する。例えば，
『現代の政治学』『国家理論』『政治学原論序説』『はじめて
学ぶ政治学』『民主主義の政治学』などは〈311 政治学〉
を示唆，『やわらかな制度：あいまい理論からの提言』『国
家の解剖学』『志のみ持参』などになると，主題が政治学
かどうかわからない。タイトルに併せて書かれている関連
情報（副書名）などや著者も考えに入れる。すでに幾冊も
著書のある著者ならば，最新著作の内容もおおよその見当
がつくことも多い。

　　しかし，表紙や標題紙上の表示だけで決めるのは早すぎ

30⋯⋯⋯第Ⅱ部　NDCの使用法

る。『政治学原理』と書いてあっても，中身は政治学の随筆であるかもしれない。あるいは政治哲学かもしれない。ひとまず留保して次へ進む。

② 序文・目次・後書き・解説を読む。

序文や後書きを読むと著者の執筆意図がよくわかる。また解説が付されている場合や，既刊書の復刻などに見られる他の専門家の解題は，その著作の内容を一層明らかにしてくれる。

目次もその著述の範囲を明らかにする点で有益である。体系立った叙述か，エッセイかもわかる。この段階で，その資料の内容が把握できる場合も少なくない。

③ 参考資料をひもとく。

主題について知識が乏しい場合には，百科事典や専門辞典などの参考図書などを参照し，資料の主題について理解を深める。

④ 通読する。

さらに本文の一部を拾い読みすることも有益である。ポイントとなる序論や結論に注目し，主題を把握する。

⑤ 参照，引用文献に指示されている文献を読んでみる。

より正確にその主題を把握するために，必要であればさらにその資料に示されている参照，引用文献をひもとき，確実を期すこともある。

⑥ OPAC などの書誌情報データベースで類書を検索して過去の事例を参考にする。

分類がよくわからないという場合には，過去の事例を参考にすることが得策である。分類においては，その図書館で類書が一貫して集中していることが求められる。また書

誌情報データベースに収録されている書誌レコードにおいても、それは同じである。したがって、過去の事例を参考にすることは、分類を容易にするだけでなく、これまでの書誌レコードの調整にも役立つことになる。

⑦ 周辺に専門的知識を有する人がいれば、相談する。

　上記のようなさまざまな手段を尽くしても、主題に対する十分な理解が得られない場合、周辺に専門的知識を有する人がいれば相談するとよい。ただし、専門家は図書館の分類に通じているわけではないので、努めて分類表中における主題の位置についても説明したうえで示唆を得るようにしたい。

(3)　主題の構造

① ファセットとフォーカス

　主題を分析する際に、その主題が単一の概念で構成されているのか、それとも複数の概念で構成されているのか、またそれがどのような組み合わせになっているのかを考えてみると、主題の内容が明確になり理解しやすくなる。主題の構造を把握する一法として、ファセット（facet）や単一概念（フォーカス：focus）という考え方が導入されている。ファセットとは、もともとは、宝石やカットグラスのカット面のことで、多面体のそれぞれの面を指す言葉である。索引法では、一般に多面的である事物や現象を分析するための観点があるが、その観点ごとに、それぞれに属している単一概念（フォーカス）の集合のことをファセットという。分類表に即していえば、各主題分野（主類）がいくつかの特性（区分原理）によって区分されているとすると、

一つの特性を用いて区分して得られる下位クラス（フォーカス）の総体を面（ファセット）とする。

② 主題の種類

1) 基礎主題

確立した独立の体系的な知識分野である学問分野自体が主題となる。

例えば，『法律学』という資料は，法律学とはどのような学問（分野）であるかを概説している。したがって，この場合は法律学という学問分野自体が主題となる。

2) 単一主題

基礎主題とその学問分野における1種類のファセット中のフォーカスで構成される主題。

例えば，『商法』という資料は，法律学 -- 法律の種類（商法）と主題分析される。これは，法律学のもつ各種ファセットの中の一ファセットである「法律の種類」を構成するフォーカスの一つである「商法」という単一主題である。

3) 複合主題 [2]

基礎主題とその学問分野における2種類以上のファセット中の各フォーカスで構成される主題。

例えば，『日本の商法』という資料は，法律学 -- 法律の種類（商法）-- 地域・国（日本）と主題分析される。これは，法律学のもつ各種ファセットの中の2種類のファセット（法律の種類および地域・国）中の各フォーカス（商法，日本）から成る複合主題である。

4) 混合主題（相関係）

基礎主題，単一主題，複合主題，つまり通常は独立し

1章　分類作業⋯⋯⋯33

ている主題が，それぞれの性質を保持しながら相互に結びついた主題。結びついた主題構成要素を「相」と呼び，主題間の関係を「相関係」と呼ぶ。異なるクラスや学問分野の主題同士の結びつき，あるいは同一分野または同一ファセットの中での結びつきなどがある。

代表的な相関係には，影響関係，因果関係，概念の上下関係，比較対照，主題と材料，理論と応用，主題と目的[3]などがある（具体例は，2.1「(5) 主題と主題との関連」を参照）。

5) 複数主題

独立した主題同士が，一つの資料中で相互作用なしに並立しているもの。

例えば，『コマツナ・シュンギク・キャベツ・ハクサイ』という資料は，農業 -- 園芸 -- 蔬菜園芸 -- 葉菜類（626.5）の下にあるコマツナ（626.51），シュンギク（626.56），キャベツ（626.52），ハクサイ（626.53）という四つの主題それぞれを並立する関係で取り扱っている。

③ 形式

NDCでは，1) 編集，出版の形式，2) 理論的・哲学的，歴史的・地域的論述あるいは主題に関する調査研究法・指導法などが，形式概念として一般補助表の形式区分に用意されている。

これらの形式区分をその性質によって二分し，1) を外形式，2) を内形式と呼ぶことがある。

1.3 記号への変換

　主題分析により資料の主題内容が把握できたなら，その主題が分類表のどの分類項目に当てはまるかを考える。

　分類作業をする人は分類表に慣れ親しむことが大切である。まず，要約表から分類体系の大要を把握しておく。

　初心者は，自分のよくわからない領域の主題にぶつかると，相関索引を引く。それは誤りではない。しかしそこで見つけた分類記号をいきなり採択するのは性急というものである。細目表に戻って，前後の分類項目を確認したり，注記や参照にも目をとおし，当該分類記号が適切かどうかを確認することが必要である。

　分類記号の決定，付与にあたって留意すべき点は以下のとおりである。

＊　利用者の利便性を考慮する。

　利用者の利便性を考慮し，最も利用される位置に資料を分類する。NDC は特定の主題が観点によって各分野に分かれているが，専門図書館であれば，特定の主題を最も利用される分野に集中することも考えられる。しかしこれはあくまで便法であるので，全体の体系を崩すところまで，乱用してはならない。

＊　資料の内容に即した最も詳しい記号を付与する。

　分類表に用意された最も詳しい分類記号を付与することを心がけねばならない。主題分析を精緻に行い，主題の特定化を図るとともに，それに該当する最も詳しい分類記号を付与する。

＊　分類の一貫性を保つことに留意する。

同一主題に対して常に一定の分類記号が付与されるよう，後述するような各種の分類規程を整備し，その方針や基準に従い，分類作業を進めることが重要である。また，分類作業の一環として，過去の分類実績を OPAC などの書誌情報データベースで確認し，首尾一貫した分類ができるよう整合をとることも必要である。

注
1) NDC は主題同士の組み合わせを独立した主題ととらえ，それに対応した分類項目もできるだけ用意しようとしているので，細目表中に分類記号が用意されているケースもある。 例：情報と社会（007.3），国家と宗教（316.2），人口と食糧（334.39），家庭と学校との関係（374.6），医学と心理（490.14），環境と企業（519.13），有線放送と地域社会（699.78），放送と社会（699.8）など。
2) 複合主題も混合主題も複数の主題要素から成る主題という点では同じである。ただし，ある学問分野内のファセット同士の組み合わせ（複合主題）は，あらかじめその関係（引用順序）が分類表および注記などにより規定されている。例えばイナゴは，動物学では無脊椎動物 -- 昆虫類 -- 直翅目 -- バッタ科，農学では，食用作物（に対する）-- 害虫，生活科学では，料理法 -- 日本料理 -- 食材として扱われる。これに対して，「米作農家のためのイナゴの生態学」というような学問分野を横断する主題（混合主題）は，相関係の分類規程が必要となる。
3) ある主題を異なる主題分野のニーズに適合する方法で提示するといった関係。あるいは，一方の主題の他方の主題への適用関係に基づく結合。例えば，『図書館員のための英会話』，『看護師のための心理学』，『統計のための行列代数』，『薬学のための統計学』など。

2章 分類規程

　NDC の分類規程（Classification code）とは，NDC を適用するにあたって，従うべきルールや指針・原則[1] である。分類基準とか分類コードとも呼ばれる。NDC のように分類項目があらかじめ列挙されている分類表の場合，用意されているどの分類項目に収めるのか，なぜその分類項目を選択するのかに関するルールや原則が明示されていることが，分類結果に一貫性をもたせるために不可欠となる。

　分類規程には，各図書館がそれぞれの実情に応じて（例えば，蔵書数やその分野構成，図書館の目的あるいは利用者の利便性などを勘案して）決められるものと各図書館に共通するものとがある。ここでは，基本的に各図書館に共通し，NDC による分類記号の決定・付与作業に全般的に関係する分類規程について解説する。

　NDC による分類作業の第一歩は，主題分析により把握した分類対象資料の要約主題を最も的確に示す分類項目を細目表から選びだし，その分類記号を付与することである。

　分類対象資料が基礎主題や単一主題のケースでは，細目表中にあらかじめ用意されている分類項目の中からその主題に最も適した分類項目を選択することになるので，特にルールや指針を決めておかなくても，比較的容易に首尾一貫した分類項目の選択が可能である（あらかじめ分類項目が用意され

2章　分類規程………37

ていないケースには，「新主題」の分類規程で対応すること
になる）。

　一方，複数の主題が含まれる「複数主題」の資料，あるい
は主題同士が組み合わされた複雑な主題である「複合主題」
や「混合主題」の資料，さらには「形式」が加味される資料
のケースでは，それらの主題を構成する各要素を組み合わせ
（合成し）て，できるだけ正確に主題を表現する分類記号を
作成することが望ましい。「分析合成型分類法」ならば，各
要素を組み合わせる際の順序となる「引用順序」[2] に関する
分類規程により，首尾一貫した分類記号の作成が保証される。

　しかし，「列挙型分類法」である NDC では，基本的に細目表
中の分類項目の記号同士を組み合わせるのではなく，複雑な
主題の組み合わせに合致する分類項目をあらかじめ用意して
おくことで対応を図っている。例えば，「複合主題」は多く
の場合 NDC があらかじめ定めた「引用順序」に基づき，階
層構造の形で細目表中に分類項目として列挙表示されている。

　ところが，特に「混合主題」の場合には，個々の主題の分
類項目の用意は大方なされているが，それらを組み合わせた
複雑な主題に合致した分類項目は用意されていないことが多
い。そこで，主題を構成する各要素に当てはまる分類項目の
中からどの分類項目を優先して選択するのかを首尾一貫して
決定するための「優先順序」に関する分類規程が必要となる。

　なお，NDC には一般補助表（4 表）と固有補助表（10 表）
が用意されており，細目表にこれら補助表の記号を付加（番
号構築）して「複合主題」を表現することも求められるので，
首尾一貫した分類記号を作成するためには，それらを組み合
わせる際の「引用順序」に関する分類規程も必要となる。

38········第Ⅱ部　NDCの使用法

さらに，NDC の細目表の一部には，組み合わせに関する特別の指示がなされている箇所がある。この場合には，細目表のその箇所での指示に従うことで一貫した分類記号の作成が可能となる。

2.1 一般分類規程

（1）主題の観点

① 主題の観点による分類

NDC は観点分類法であるので，まず主題の観点（学問分野）を明確にし，その観点の下に用意された主題に分類することが重要である。

② 複数の観点からみた主題

主題を著者がどんな観点に立ってみているかによって分類するのであるが，その観点が 2 以上（学際的著作）となったとき，主になる観点が明らかならば，その観点に分類する。例えば，米という主題を生産からみた米（稲作 616.2），流通からみた米（611.33），調理からみた米（596.3）という複数の観点から取り扱った資料の場合はどうするか。その中に主になる観点が一つ明らかならば，その観点の下に分類する。

しかし，主になる観点が不明なときは，その主題にとって最も基本となる分類項目，つまり，より基礎的，あるいは目的を示す観点の下に分類する。例えば，上記の資料がこのケースに当てはまる場合には，より基礎的な観点である生産からみた米（稲作 616.2）を選択することになる。

なお，総記（0 類）の分類記号を選択する可能性も見落

2章　分類規程………39

としてはならない。

　観点が2以上の場合は，書誌分類記号として，それぞれの観点の下の分類記号を分類重出することを考えたい。

(2)　主題と形式概念の区別

　資料はまず主題によって分類する。次いで必要があれば，主題を表す叙述または編集・出版形式（-01／-08）によって細分する。主題による分類は，細目表よりその主題を最も詳細・的確に表す分類項目を選択し，その分類記号を付与する。その後に形式を必要に応じて一般補助表Ⅰ（形式区分）から選択し，主題の分類記号に付加する。

　　例：教育名著叢書　教育叢書（370.8）とし，一般叢書（080）
　　　　または社会科学叢書（308）としない。

　ただし，総記（0類）の030（百科事典），040（論文集），050（逐次刊行物），080（叢書）については編集・出版形式，文学作品（9類）については言語区分のうえ，文学共通区分という文学形式，芸術作品（7類）については芸術の表現形式によって分類する。

(3)　原著作とその関連著作

① 原則

　特定著作の翻訳，評釈，校注，批評，研究，解説，辞典，索引などは，原著の分類される分類項目に分類する。

　　例：やまとうた‐古今和歌集の言語ゲーム（小松英雄）→
　　　　古今和歌集（911.1351）
　　　　近松語彙（上田万年・樋口慶千代）→浄瑠璃（912.4）

40⋯⋯⋯⋯第Ⅱ部　NDCの使用法

② 語学学習書

語学（日本語古典を含む）の学習を主目的とした対訳書，注解書の類は，主題または文学形式にかかわらず，学習される言語の解釈，読本として分類する。

> 例：若草物語（オルコット原作　荻田庄五郎訳注）→英語読本（837.7）

③ 翻案，脚色

原作の分類項目とは独立して，翻案作家，脚色家の作品として分類する。

> 例：戯曲・赤と黒（スタンダール原作　大岡昇平脚色）→近代日本の戯曲（912.6）

④ 特定意図による抄録

> 例：回想の織田信長・フロイス「日本史」より（松田毅一，川崎桃太編訳）→個人の伝記（289）

原著作に分類される資料の場合は，関連著作の分類記号を，関連著作に分類される資料の場合には，原著作の分類記号を必要に応じて書誌分類記号として分類重出することも考えたい。

(4) 複数主題

一つの著作で，複数の主題を取り扱っている場合，そのうち一主題が特に中心として取り扱われている場合は，中心となる主題の下に分類する。

> 例：胃癌の話　付：食道癌と腸癌→胃癌（493.455）

しかし，2または3個の主題を取り扱っていて，どの主題も特に中心となる主題がない場合は，最初の主題に分類する。

2章　分類規程………41

例：桃・栗・柿の園芸技術→桃（625.51）

　もし4以上の主題を取り扱い，特に中心となる主題がない
場合は，それらを含む上位の主題の下に分類する。

　　例：アルミニウム・マグネシウム・チタニウム・ベリリウム
　　　　とその合金
　　　　　上記4種の金属を含む上位の主題である軽金属（565.5）
　　　　に分類する。

　この取り扱いは合刻書，合綴書についても適用する。

　　例：（3種の図書の合刻）
　　　　佐州金銀採製全図　山尾鶴軒［画］　先大津阿川村山砂鉄
　　　　洗取之図［萩藩絵師画］　鼓銅図録　丹羽桃渓画　増田鋼
　　　　録　葉賀三七男解説 恒和出版　1976　（江戸科学古典叢書
　　　　1）
　　　　　「佐州−」は金鉱山（562.1），「先大津−」は鉄鉱（562.6），
　　　　「鼓銅−」は銅冶金（565.2）であるが，第1著の主題であ
　　　　る金鉱山（562.1）に分類する。

　　例：（4種の図書の合刻）
　　　　般若心経・法華経・華厳経・勝鬘経合巻
　　　　　仏典「般若心経」は般若部（183.2），「法華経」は法華
　　　　部（183.3），「華厳経」は華厳部（183.4），「勝鬘経」は宝
　　　　積部（183.5）にそれぞれ分類されるが，四経合巻ゆえ経
　　　　典（183）に分類する。

　　ただし，特に中心となる主題がない2または3個の主題を
取り扱っている場合でも，それらが，ある主題を構成する主
要な下位区分から成る資料の場合には，上位の主題の分類記
号を付与する。例えば，動物誌（482）と植物誌（472）を対

等に取り扱った資料の場合，最初の主題である動物誌の分類記号を付与するのではなく，その両者を含む上位の主題である生物誌（462）の分類記号を付与する（生物誌の主要な下位区分は，動物誌と植物誌の2つのみである）。

　書誌分類記号としては，複数の主題それぞれに対応する複数の分類記号を必要に応じて分類重出することが望ましい。

(5)　主題と主題との関連
　通常は独立している主題同士が相互に結びついた主題の場合は，次のとおりに取り扱う。
① 影響関係
　一つの主題が他の主題に影響を及ぼした場合は，原則として影響を受けた側に分類する。
　　　例：浮世絵のフランス絵画への影響→フランス絵画（723.35）
　しかし，個人の思想・業績が多数人に及ぼした影響については，個人の側に分類する。
　　　例：白楽天の日本文学への影響→唐詩（921.43）
② 因果関係
　主題間の因果関係を取り扱ったものは，原因ではなく，結果のほうに分類する。
　　　例：地震と鉄道（日本鉄道施設協会）→鉄道建設（516）
③ 概念の上下関係
　上位概念の主題と下位概念の主題とを扱った図書は，上位の主題に分類する。
　　　例：原子力・原子炉・核燃料→原子力工学（539）
　ただし，上位概念が漠然としているとき，下位概念によ

2章　分類規程………43

り分類する。

> 例：禅と日本文化（鈴木大拙）→禅（188.8）

④　比較対照

比較の尺度として使われている側でなく，その尺度によって比較されている対象の側（著者の重点）に分類する。

> 例：イギリス人と日本人（ピーター・ミルワード）→日本人（302.1）

⑤　主題と材料

特定の主題を説明するために，材料として取り扱われたものは，その材料のいかんを問わず，説明している特定主題によって分類する。

> 例：ショウジョウバエの遺伝と実験（駒井卓）→実験遺伝学（467.2）

⑥　理論と応用

1）　特定主題の理論と応用を扱ったものは，応用に分類する。

> 例：液晶とディスプレイ応用の基礎（吉野勝美・尾崎雅則）→電子装置の応用（549.9）

2）　特定理論の特定主題への応用はその応用に分類する。

> 例：推計学による寿命実験と推計法（田口玄一）→生命表（339.431）

3）　特定理論が多数の主題に応用された場合で，応用部門を総合的に収める分類項目があれば，そこに収める。

> 例：応用物理データブック（応用物理学会）→応用物理学（501.2）

ただし，適当な分類項目がない場合は，理論の場所に収める。

例：応用微生物学（村尾沢夫，荒井基夫共編）→微生物
　　　　学（465）

⑦　主題と目的
　　特定の目的のために（特定主題分野の利用者のみを対象
　として）著わされた資料は，原則としてその目的とした主
　題の下に分類する。
　　　例：国語教育のための基本語彙→国語教育（375.8）
　　　　　介護のための心理学入門（岸見一郎）→老人福祉
　　　　　（369.26）
　　ただし，基本（重点がおかれる）となる主題に関する一
　般的概論，つまり基本となる主題の解説（入門書的性格）
　であることも多い。この場合には，目的とした主題ではな
　く，基本となる主題の下に分類する。
　　　例：介護のための医学知識（日本訪問看護財団）→医学
　　　　　（490）

　　書誌分類記号としては，関係している主題それぞれを分類
　重出することが望ましい。

(6)　新主題
　　分類項目が用意されていない主題に関する著作は，その主
　題と最も密接な関係があると思われる主題の分類項目，また
　は階層の上位にある包括的クラスの分類項目に分類する。あ
　るいは新しい分類項目を設けて分類する。

注
1)　不規則な資料の配列は，幸運な出会い（思わぬ掘り出し物）をもたらす

こともあるが，図書館では，資料の物理的配列および OPAC における仮想空間（知識の宇宙）での主題による書誌データの配列に一定のルールを用い，誰にとっても合理的な首尾一貫した配列箇所を示している。

2) 「事前結合索引法」において区分特性が適用される順序である。主題同士の関連性を簡潔な記号で表すために，「関連子」などの特別な結合記号を用いずに組み合わせる（結合する）順序により関連性を示そうとしている。引用順序は結果として，主題に関するどの概念がまとめられ，どの概念が分散されるかを決定する。

3章 各類における分類記号の付与

NDC の主類は，1 哲学，2 歴史，3 社会科学，4 自然科学，5 技術，6 産業，7 芸術，8 言語，9 文学である。そして，各類にまたがる総合的な資料，百科事典や一般論文集，一般叢書などとともに，図書館学や書誌学のように，1〜9 の第 1 次区分に列挙されなかった分類項目は，0 総記に収める。0 には総記（general）と列挙に至らなかった雑項目（miscellanea）を併せたものが含まれる。

まず各類における区分特性を把握し，構造を理解しなくてはならない。NDC の場合はその構造が単純で論理的に明確な部分と，特例的な措置がなされ論理的でない部分が混在している。例えば，哲学，宗教，歴史，伝記，地理，言語，文学の各分野では区分（ファセット）が明確であるが，それに対して社会科学，自然科学，工学などの構造は複雑であり，その分野固有の区分を理解する必要がある。特に，経済と産業が分離していること，工業が工学・技術の中で取り扱われること，情報学，情報工学，情報通信産業分野が分かれていることなどについて注意したい。

4章 番号構築 (ナンバービルディング)

　複雑な主題を正確に表現するためには，分類記号の合成（組み合わせ），つまり番号構築が必要になることがある。NDC では基本的に細目表の分類記号を基礎記号とし，それに補助表の記号を付加する方法が用意されている。補助表には一般補助表（4.1 参照）と，固有補助表（4.2 参照）がある。

　また，細目表の一部に「＊……のように区分」といった，記号の組み合わせに関する特別の指示がなされている箇所があり，そこでは，細目表の他の部分の記号を付加して番号構築を行うことができる（4.3 参照）。

4.1 一般補助表

　一般補助表は細目表の全分野で適用可能なものから，特定の類に限られるものまで含むが，部分的であっても二つ以上の類で使用される補助表である。次の 3 種 4 区分がある。

(1) 形式区分
　形式区分は，原則として，細目表のあらゆる分類項目について使用可能である。分類記号に直ちに付加する。

```
    例：科学史        402    ［要目表，細目表に既出］
        地学史        450.2
```

48………第Ⅱ部　NDCの使用法

地震学史　　　　453.02

地震観測史　　　453.302

　ただし，以下のように例外的な使用法や使用することができない場合があるので注意が必要である。

① 例外的な使用法

　1) 0を重ねて用いる。

　　a. 地域史および各国史の分類記号（210／270）では時代区分が展開されている。細目表に表示されていない場合でも，時代区分が展開されることが想定される。時代区分と抵触することを前提に，形式区分を行う場合は0を重ねる。

　　　　例：大和時代　　　210.32

　　　　　　日本史年表　　210.032

　　　ただし，時代区分の後に形式区分を重ねる場合はその必要はない。

　　　　例：フランス革命事典　　235.06033

　　b. 地域史および各国史に属さない分類記号で，時代による区分が可能なもの（332，362，523，702，723，762，902 他）

　　　　例：経済史辞典　　332.0033

　　c. 地理区分記号を付加して，2国間の関係を扱う分類記号（319，678.2）

　　　319（外交）において2国間の国際関係を扱う場合に，地理区分の後，0を介して相手国によって細分するので，0を重ねなければ形式区分を付加できない。

　　　　例：日本外交史事典　　319.10033

4章　番号構築………49

日本貿易史年表　　678.210032

2）　-01 および -02 に関しては，細目表中に短縮する旨の
指示がある箇所に限り 0 を省略する。

　　例：政治史　　312（310.2 の位置に「[.2 → 312]」との指示
　　　　がある。）

②　使用することができない場合

1）　細目表に同一内容の分類項目がすでに存在する場合は，
そこに収める。

　　例：貿易年次統計は，678.059 ではなく 678.9 に収める。

2）　形式的には合成できるが，その分類項目の意味的な実
質が伴わない場合

　　例：叢書の教育　　080.7

◆あらかじめ形式区分記号を付加した分類記号

　付加した結果が 3 桁となる場合の他，4 桁以上になる場合
も，それ自身か下位の記号に，固有の分類項目名または注記
が存在するものに限って，細目表に表示した。

　　例 1：101　哲学理論
　　　　　102　哲学史

　　例 2：010.1　図書館論. 図書館と自由
　　　　　010.7　研究法. 指導法. 図書館学教育. 職員の養成
　　　　　017.77　司書課程. 司書講習・研修

　　例 3：911.108　叢書. 全集. 選集
　　　　　　　　　＊一時代のものは，その時代の下に収める

◆**形式区分の複合使用**

　形式区分が複数適用できる場合には，形式区分の優先順序に留意して適用することが求められる。日本の図書館では，優先順序の高い形式区分を一つ選択して付加するのが一般的である。形式区分の優先順序を考える際の基準として，NDC の形式区分を内形式と外形式とに二分し，原則として資料の主題と深く関係する内形式を優先する考え方がある。

　内形式とは，資料の内容（主題）の叙述形式を表すものであり，NDC の形式区分の次の項目が該当する。–01 とその細目，–02 とその細目，–04（当該主題を他主題との関連から扱ったもの，または特定の概念・テーマから扱ったものに使用する），–06 とその細目，–07 とその細目（ただし，–078 および –079 を除く）。

　外形式とは，資料の内容（主題）とは直接的に関わらない，資料の編集あるいは出版形式を表すものであり，次の項目が該当する。–03 とその細目，–04（非体系的または非網羅的なものに使用する），–05 とその細目，–078，–079，–08 とその細目。

　この内形式と外形式という考え方のみでは優先順序が決められない場合もある。よくあるケースとして，複数の外形式が適用可能な場合の優先順序を以下に挙げる。

　＊　逐次刊行（–05）される参考図書（–03）には，–03 を使用する。

　＊　逐次刊行（–05）される論文集（–04）には，–05 を使用する。（形式区分 –05 を参照）

　なお，複合使用が必要となるケースとして，形式が主題概念となることがあることを忘れてはならない。例えば，科学雑誌の歴史 405.02 では，–05 が外形式ではなく，主題概念と

なっている。

(2) 地理区分

　地理区分は，形式区分の「歴史的・地域的論述」を表す
-02 を展開したものである。原則として細目表のすべての分
類記号に付加できる。
　地理区分の具体的な使用法は，以下のとおりである。
① 　通常の分類記号の場合
　　　当該分類記号に –02 を介して付加する。
　　　　例：ドイツ医学史　　490.234
② 　注記「＊地理区分」を伴う分類記号の場合
　　　注記「＊地理区分」の場合は，当該分類記号に直接地理
区分を付加する。主題の特性や文献的根拠から必要とみな
された，形式区分の例外的な措置（–02 を介さない）である。
　　　　例：遠野の民話　　　　388.122
　　　　　房総半島地形誌　　454.9135
③ 　注記「＊日本地方区分」を伴う分類記号の場合
　　　当該分類記号に地理区分のうち，日本を意味する 1 を省
いて，各地方または各都道府県の記号のみを付加する。
　　　　例：東京都議会　　318.436

　　ただし，細目表上，特別な地理区分を用意している場合
は使用できない。
　　　　例：020.2　　図書および書誌学史
　　　　　　.21　　　日本
　　　　　　.22　　　東洋：朝鮮，中国
　　　　　　.23　　　西洋，その他

また，以下に述べられる海洋区分する分類項目には使用できない。

(3) 海洋区分

海洋区分は，海洋を共通区分として展開したものである。注記「＊海洋区分」を伴う分類記号に直接付加する。適用箇所は海洋気象誌（451.24），海洋誌（452.2）および海図集（557.78）の下に限られており，当該箇所では地理区分との併用はできない。

例：南太平洋誌　　　　452.23

　　ペルシア湾水路誌　557.7845

(4) 言語区分

注記「＊言語区分」を伴う分類記号に直接付加する。

① 030, 040, 050, 080

百科事典（030），論文集（040），逐次刊行物（050），叢書（080）では，末尾の0を除き，付加する。

例：オランダ語で書かれた雑誌　　054.93

ただし，030, 040, 050では，039が用語索引，049が雑著，059が一般年鑑として使用され，言語区分の一部がこれと抵触し使用できない。–9（その他の諸言語）以下を使用する場合は，899を介在させて付加する。

例：エスペラントで書かれた百科事典　038.99991

② 地理区分できない人種（469.8）および商業通信［ビジネスレター］（670.9）

③ 8類（言語）

すべての言語区分が付加された形で細目表に列挙されて

おり，各国の言語を番号構築により表現する必要がない。したがって，細目表の800の下に「＊言語区分」という注記は付記されていない。

④ 9類（文学）

分類記号900に言語区分を適用し，各言語の文学の分類記号を形成する。おおむね各言語の文学はあらかじめ細目表に列挙されているので，自分で言語区分の付加（合成）を行う必要はない。

例：ポルトガル文学　969

しかし，すべての言語の文学が細目表に列挙されているわけではないので，その場合には言語区分の付加を行う必要が生じる。

例：ヒンディー文学　929.83

4.2 固有補助表

一つの類またはその一部分についてのみ，共通に使用される補助表で，次の10種がある。

（1）　神道各教派の共通細区分表
例：御岳教教典　178.593

（2）　仏教各宗派の共通細区分表
例：親鸞伝の研究　188.72

（3）　キリスト教各教派の共通細区分表
例：英国国教会伝道会　198.47

(4) 日本の各地域の歴史（沖縄県を除く）における時代区分

例：古代の東京都　213.603

(5) 各国・各地域の地理，地誌，紀行における共通細区分表

例：礪波平野の村落地理　291.420176

(6) 各種の技術・工学における経済的，経営的観点の細区分表

例：配管工事業の経営学　528.18095

(7) 様式別の建築における図集

例：日本の城郭図集　521.823087

(8) 写真・印刷を除く各美術の図集に関する共通細区分表

例：仏像図集　718.087

(9) 言語共通区分

　言語共通区分は8類（言語）の各言語の下で，言語学の共通主題区分として使用する。

　8類（言語）の各言語の分類記号に直接付加することができるが，言語の集合（諸語）および「分類記号を複数の言語で共有している言語」には付加しない。

例：日本語文法　　　　815　［要目表，細目表に既出］

　　アイヌ語文法　　　829.25

　　ベトナム語文法　829.37　［829.375 とはしない］

4章　番号構築………55

（10）　文学共通区分

　文学共通区分は 9 類（文学）の各言語の文学の下で，文学形式および作品集の共通区分として使用する。9 類（文学）の各言語の文学の分類記号に直接付加できるが，言語の集合（諸語）および「分類記号を複数の言語で共有している言語」の文学には付加しない。

　　　例：中国語の詩　　　　　　921 ［要目表，細目表に既出］

　　　　　ノルウェー語の戯曲　　949.62

　　　　　ベトナム語の小説　　　929.37　［929.373 とはしない］

4.3 　細目表中の他の分類記号を用いた番号構築

　細目表中に「＊……のように区分」といった，記号の組み合わせに関する特別の指示がなされている箇所では，細目表の他の部分の記号を借用して付加する。

　　　例：492.432／.438　各器官の造影法

　　　　　　　　　　＊ 491.12／.18 のように区分

　　　　　　　　　　　例：492.4345 胃のレントゲン診断

56……第Ⅱ部　NDCの使用法

5章 相関索引の使用法

5.1 利用の意義

　細目表がすべての分類項目を分類記号順に配列しているのに対し，相関索引は分類項目名などを五十音順およびアルファベット順に配列し，各分類項目名などに分類記号を指示した一覧表である。

　よくわからない分野の主題や，その主題の分類記号がわからないというような場合に，思いついた言葉や特定の分類項目名を検索して，主題に対応する分類記号をいち早く知ること，また分類を行った後にその分類で正しいかどうかを確認するために相関索引を引くことは得策である。相関索引は，その主題，分類項目の代表的な分類記号と分類体系中の位置を知ることが容易に速やかにできるからである。

5.2 限定語と合成語の活用

　ある主題が各種の観点によって分類記号を異にすることを付加された限定語で示してくれるので，観点がよくわかり観点の相対的関係も認識できる。

　　例：石（観賞用）　　　　793.9

　　　　（建材）　　　　　524.22

5章　相関索引の使用法………57

（自然崇拝）	163.1
（造園学）	629.61
（彫刻）	714
（土木材料）	511.42

　合成語については，検索の便宜を考慮して，基幹となる語の下で合成された用語も一括して検索できるようにしてある。

例：植物学	470
園芸植物学	623
森林植物学	653.12
水産植物学	663.7
農業植物学	613.7

　さらに園芸植物学，森林植物学，水産植物学，農業植物学といった個々の合成語の検索も可能なように，それぞれを相関索引に重ねて採録している。

5.3 相関索引で地理区分記号，海洋区分記号を調べるための方法

　相関索引には，原則として国名，日本の地方名，朝鮮の道名，中国の省名，アメリカ合衆国の州名などの地名や海洋名が多く採録されている。それらの地名，海洋名で引くと，以下のように地理区分記号や海洋区分記号が指示される。

　　例：バルバドス　＊5978

　＊5978のように＊が付いて，かつイタリック体で表現されている。「＊イタリックの記号」は本表中の記号ではなく，地理区分記号や海洋区分記号を意味する。

第 Ⅲ 部

　第Ⅲ部では，NDC を用いて分類記号を付与する図書館の分類担当者を援助することを主なねらいとし，NDC の使用法についての付加的でより詳細な情報および分類するにあたりわかりにくい，あるいは判断に迷う部分に関する扱い方や関連分類記号間の選択の仕方を解説する。

凡例

1　全体構成

　「1 章　補助表」および「2 章　細目表」から成る。1 章では，主として一般補助表（形式区分，地理区分，海洋区分，言語区分）について解説し，固有補助表の各記号については，必要に応じて 2 章の該当する分類項目の下で説明を加える。2 章では，細目表の類ごとに簡単な解説を行った後，本マニュアルが対象とする分類項目（中間見出しを含む。以下，各項目という）を分類記号順に配列する。

2　各項目の構成要素

（1）　見出し

　各項目は，細目表の分類記号，分類項目名：分類小項目名を見出しとする。判断を迷うような複数の分類項目がある場合には，それらの分類項目を，「vs.」をはさんで並置する。

（2）　説明部分

　見出しとした分類項目について，注意すべき点を説明する。ただし，分類項目に関する全体的な解説をするわけではなく，分類表本体には記述されていない補足的な説明，他の分類項目との切り分け方，補助表の使用に関する注意など，分類作業上の実践的な指針を示すことを目的とする。なお，原則として 10 版の本則に従い，別法については特に説明を行わない。

⑶　例示

　適切な例がある場合は，その目録情報の責任表示，タイトル，出版者および 10 版による分類記号を記載する。ただし，網羅的に例示するわけではない。また，適用する NDC の版の違いなどにより，マニュアル上の分類記号は，既存の目録情報の分類記号とは異なる場合がある。

3　分類記号索引

　見出し中に並置された分類記号（2 番目以降のもの）から，見出しを参照するための「分類記号索引」を巻末に付す。

1章 補助表

1.1 一般補助表

（1） 形式区分

　主題の叙述形式（論述の展開）および編集形式（編集の方法）・出版形式（出版の形態）を区分特性として列挙した補助表であり，主題をその形式により区分する場合に適用する。適用にあたっては以下の点に注意する。

◆すべての分類項目に適用

　形式区分は，使用しないとの指示がない限り，細目表のどの分類項目にも付加することができる。

　　例：技術史　　　　5（技術）＋ -02（形式区分：歴史的論述）
　　　　　　　　　　　→ 502

　　　　機械工学史　　53（機械工学）＋ -02（形式区分：歴史的論述）→ 530.2

　　　　自動車工学史　537（自動車工学）＋ -02（形式区分：歴史的論述）→ 537.02

　　　　電気自動車史　537.25（電気自動車）＋ -02（形式区分：歴史的論述）→ 537.2502

　ただし，細目表中に形式区分を付加した内容と同一の分類項目が用意されている場合には，そちらを優先し，形式区分

62‥‥‥‥第Ⅲ部　NDCマニュアル

を付加しない。

　　例：『貿易年次統計』は，678（貿易）＋ -059（形式区分：年
　　　　次統計）→ 678.059 とするのではなく，それと同じ意味を
　　　　表す分類項目として細目表中に用意されている 678.9（貿
　　　　易統計）を使用する。

　また，形式区分の付加が実質的に意味をもたない，あるい
は重複した意味の繰り返しになる場合にも形式区分を付加し
ない。

　　例：025／029[1)]　書誌．目録

　　　　これらは，書誌や目録のための分類項目である。した
　　　　がって，その分類項目自体が示している内容と同一の繰
　　　　り返しになる，-031（形式区分：書誌．文献目録）を付
　　　　加することはしない。

◆あらかじめ形式区分が付加された分類項目

　通常は，形式区分を付加した分類項目は細目表に表示（列
挙）されていない。しかし，形式区分を付加した記号が3桁
に収まる場合には，細目表に表示されている。

　　例：402　科学史・事情

　　　　ここは，4（自然科学）に -02（形式区分：歴史・地域
　　　　的論述）が付加された分類項目だが，記号が3桁に収ま
　　　　るので，細目表に表示されている。

　また，記号が4桁以上となる場合でも，その記号あるいは
下位の記号に固有の分類項目名（意味の変更：限定あるいは
より広範な意味となる拡張）が与えられている場合や注記や
参照が存在するものに限って，細目表に表示されている。

　　例：327.03　書式集

1章　補助表………63

　　　　この分類項目は，327（司法．訴訟手続法）に −03（形
式区分：参考図書）が付加されて5桁になったものなので，
通常であれば細目表に表示されない。しかし，その分類
項目名が，本来の「司法．訴訟手続法の参考図書」とい
う意味から「法律〈一般〉の書式集」へと，その項目だ
けに特化した名称に変更されているので，それを示すた
めに細目表に表示されている。意味の変更がなされた形
式区分は，形式区分本来の意味を失い，細目表の分類項
目名の意味に限定して使用されることになるので，「司法．
訴訟手続法の参考図書」のためにこの項目を使用するこ
とはできない。「司法．訴訟手続法の参考図書」は，327
止まりにしておく。

例：410.7　研究法．指導法．数学教育

　　　　この分類項目は，41（数学）＋ −07（形式区分：研究法．
指導法．教育）が付加され4桁となったものなので，通
常であれば細目表に表示されない。しかし，「→：375.41」
という「をもみよ」参照が付加されているのとともに通
常の形式区分とは異なる意味内容が与えられた410.79　数
学遊戯．魔方陣（41（数学）＋ −079（形式区分：入学・
検定・資格試験の案内・問題集・受験参考書）という分
類項目がその下位にあり，さらには「＊パズル→ 798.3」
という注記が存在していることから，それらを示すため
に細目表に表示されている。

◆**細目表に表示されていなくても適用**

　細目表に一部の形式区分のみが表示されている場合には，
表示されていない残りの形式区分は，特別な指示がない限り，

本来の意味で適用可能である。例えば，細目表の 330（経済）の下には，形式区分の -01，-02，-06 が付加された分類項目である「.1 → 331」と「.2 → 332」および .6（団体：学会，協会，会議）とともに，その下位区分として独自に創り込まれた .66（商工会議所．経営者団体）のみが表示されているが，表示されていない残りの形式区分は，本来の意味で適用可能である。

> 例：『経済セミナー』（雑誌）は，33（経済）＋ -05（形式区
> 　　分：雑誌）→ 330.5

　また，形式区分の 2 桁目までの記号が付加された分類項目のみが細目表に表示されている場合は，常にその下位区分すべてが付加可能である。例えば，細目表には，3（社会科学）に -03（形式区分：参考図書）が付加された「303　参考図書［レファレンスブック］」のみが表示されているが，形式区分 -03 の下位区分である -031／-038 の付加が可能である。

> 例：『社会科学辞典』は，3（社会科学）＋ -033（形式区分：
> 　　辞典）→ 303.3

◆「ほぼ全体」の場合に適用

　形式区分および形式区分 -02 の下で地理区分を付加する際の注意点の一つは，分類項目の表す主題の概念全体，あるいはほぼ全体を扱う（つまり，分類記号の表す主題概念と同延であるとみなせる）ケースでのみ付加されるということである。

　例えば，ボリビアリスザルに関する著作は，細目表のサル科の分類記号である 489.95 を付与するだけに留め，ボリビアの地理区分 -67 を付加して，ボリビアに生息するサルと表現してはならない。なぜなら，ボリビアリスザルは「ボリビ

1章　補助表………65

アに生息するサルの一種」であって，「ボリビアに生息する
サルの全体」ではないからである。

　ただし，「＊地理区分」「＊日本地方区分」などの細分注記
がある分類項目では，上記の原則を適用せず，地理区分など
の補助表の記号を付加してよい。地理区分の直接付与は，そ
の記号の下位区分の将来的な展開を阻害する場合があるが，
細分注記を付した主題の性質上，地域的な区分を行ったほう
が有効であるとの判断による。なお，海洋区分，言語区分，
各固有補助表についても地理区分と同様の考え方をとる。

◆明確な特徴である，あるいは著者・編者などによる強調が ある場合に適用

　形式区分は，その記号が示す特徴を有する著作と一般的な
著作を分ける役割を果たすものである。したがって，その特
徴が明確な場合，あるいは著者・編者などがその特徴を強調
している場合にのみ付加する。

◆付加の判断に迷う場合

　付加するかどうか迷う場合には，形式区分を付加しない。

◆ 0 の重複

　地域史および各国史（210／270）では，時代区分とのバッ
ティングを避けるため，形式区分を付加する場合には 0 を重
ねる。ただし，時代区分の後に形式区分を重ねる場合はその
必要はない。

　　例：『日本史辞典』は，21（日本史）＋0＋-033（形式区分：
　　　　辞典）→ 210.033

66………第Ⅲ部　NDCマニュアル

例：『日本中世史文献目録』は，210.4（日本中世史）＋ -031
（形式区分：文献目録）→ 210.4031

　時代区分が細目表中に用意されている分類項目（332　経
済史，362　社会史，523　西洋建築，702　美術史，723　洋
画，762　音楽史，902　文学史）でも，時代区分とのバッテ
ィングを避けるため，形式区分を付加する場合には0を重ね
る。ただし，これらの分類項目でも，時代区分の後に形式区
分を重ねる場合はその必要はない（具体例は，後述の細目表の
該当分類項目を参照願いたい）。

　この他，特定の国（または地域）の319（外交．国際問題）
と678.2（貿易史・事情）では，0を介して相手国の地理区分
を付加するとの注記が細目表中にあるので，相手国の地理区
分とのバッティングを避けるため，形式区分を付加する場合
には0を重ねる。

例：『日本外交事典』は，319（外交．国際問題）＋ -1（地理
区分：日本）＋ 0 ＋ -033（形式区分：事典）→ 319.10033

例：『日英関係』は，319（外交．国際問題）＋ -1（地理区分：
日本）＋ 0 ＋ -33（地理区分：英国）→ 319.1033

◆短縮形

　形式区分の -01 および -02 に関して，細目表の分類項目の
下に最初の0を省略して付加するとの指示（[.1 → 331]
[.2 → 332] のように分類記号を角括弧で囲んで示される）が
ある箇所に限り，-01 および -02 を付加する際に0を省略する。

例：『経済史』は，33（経済）＋ -02（形式区分：歴史・事情）
より最初の0を省略した2のみを付加→ 332

（細目表の330の下に [.2 → 332] という指示があること

1章　補助表………67

に注意する。）

短縮形の指示がある場合は，-01 および -02 の下位区分を
付加する場合にも 0 を省略する。

例：『財閥を築いた男たち』は，33（経済）＋ -028（形式区
分：多数人の伝記）より最初の 0 を省略した 28 のみを付
加→ 332.8

ただし，短縮形の指示がある -01 および -02 以外の形式区
分は，0 を省略せずに原則どおり適用する。

例：『経済用語辞典』は，33（経済）＋ -033（形式区分：辞典）
→ 330.33

◆形式区分の複合

形式区分は，原則として優先される一つを選択し適用する。
ただし，以下の場合には，例外的に複合使用することができ
る。

① 意味の変更がなされ，細目表中にあらかじめ列挙されて
いる形式区分の場合

例：『図解考古学辞典』は，202.5（考古学）＋ -033（形式
区分：辞典）→ 202.5033

202 という分類項目の記号は，本来は 2（歴史）に -02
（形式区分：歴史）が付加されたものとみなせるが，実際に
は歴史の意味で形式区分を使用する必要はない。そのため，
通常の形式区分の意味とは異なる，歴史補助学というここ
だけに特化した意味に変更し，その上で 202.5 という考古
学を表す特別な下位区分の展開が用意された箇所である。

② 短縮形の指示のある形式区分の場合

例：『世界教育史事典』は，372（教育史）＋ -033（形式区

68········第Ⅲ部 NDCマニュアル

分：事典）→ 372.033

　上記の 372 という分類記号は，本来は 37（教育）に -02
（形式区分：歴史的論述）が付加されて 370.2 という記号
になるはずのところ，細目表の「370　教育」の下にある
[.2 → 372] という短縮形を用いるという指示により，形
式区分の -02 の 0 が短縮されたものである。

　なお，「＊地理区分」「＊日本地方区分」という指示のあ
る分類項目においても複合使用する場合がある。

　　　例：『日本人名辞典』は，28（伝記：列伝）＋ -1（地理区
　　　　　分：日本）＋ -033（形式区分：辞典）→ 281.033

③　形式区分自体が主題概念となる場合

　　　例：『化学雑誌の歴史』は，43（化学）＋ -05（形式区分：
　　　　　雑誌）＋ -02（形式区分：歴史的論述）→ 430.502
　　　　　 -05 は，出版形式ではなく，「雑誌に関する」という
　　　　　主題概念を表している。

以下，形式区分の各記号について説明する。

-01　理論. 哲学

　理論研究または根本的・原理的・哲学的な考察に適用する。
学問分野それ自体を論じている著作は -01 を適用する適切な
候補となる。

　＊　研究領域の境界と範囲，科学としての本質を示す。
　＊　学問分野内の思想の学派を示す。ただし，細目表に対
　　　応する分類項目があらかじめ用意されている場合には，
　　　そちらを用いる。

　　　例：331.1　経済哲学

1章　補助表………69

＊ 学問分野の理念的状態を示す。

例：中村克明『知る権利と図書館』関東学院大学出版会　010.1

例：石渡隆司『医学哲学はなぜ必要なのか』時空出版　490.1

＊ 特定の学問分野の概説書（「〜学概論」）などには -01
を付加することはしない。

例：ルービン，R.『図書館情報学概論』東京大学出版会　010

-012　学史．学説史．思想史

体系的理論およびその学説の歴史的経緯について論じてい
る著作に適用する。

例：坂入長太郎『財政思想史』酒井書店　341.2

-012　学史．学説史．思想史　vs．-02　歴史的・地域的論述

一般的な歴史的・地域的取り扱いには，-02 を適用する。

例：大山正『心理学史：現代心理学の生い立ち』サイエンス
社　140.2

-016　方法論

特定の学問分野の研究手法について論じている著作に適用
する。

例：山田剛史編著『R による心理学研究法入門』北大路書房
140.16

-016　方法論　vs．-07　研究法．指導法．教育

一般的な研究法には，-07 を適用する。

例：西村純一，井上俊哉『これから心理学を学ぶ人の研究法
と統計法』ナカニシヤ出版　140.7

-019　数学的・統計学的研究

数値的取り扱いについて論じている著作に適用する。

> 例：笹井昭孝，萩原稔『新商業計算入門』税務経理協会
> 670.19

-019　数学的・統計学的研究　vs.　-059　年報．年鑑．年次統計．暦書

統計表そのものには，-059 を適用する。

> 例：『商業統計表』通産省　670.59

-02　歴史的・地域的論述

歴史的経緯や現状について論じている著作に適用する。さらに必要に応じて地理区分を付加し，特定地域における過去の記録や現状について論じている著作に適用する。

> 例：中村滋『数学史の小窓』日本評論社　410.2
> 例：ジョンソン，E. D.『西欧の図書館史』帝国地方行政学会
> 010.23

-028　多数人の伝記

同一主題内の 3 人以上の人物について論じている著作に適用する。

> 例：青木恵一郎『信州農業人物誌』農林統計協会　612.8

-028　多数人の伝記　vs.　-033　辞典．事典．引用語辞典．用語集．用語索引［コンコーダンス］

人名辞典には，-033 を適用する。

> 例：野島寿三郎編『歌舞伎人名事典』日外アソシエーツ　774.033

1章　補助表………71

-028　多数人の伝記　vs.　-035　名簿［ダイレクトリ］．人名録

名簿には，-035 を適用する。

例：『医学研究者名簿』医学書院　490.35

-029　地理学的論述．立地論

地域の特性や地域間の関係を論じている著作に適用する。

例：柿本典昭『漁村の地域的研究：水産地理学への道標』大明堂　662.9

-029　地理学的論述．立地論　vs.　-02　歴史的・地域的論述

地域が限定されている場合には，-02 を適用する。

例：板倉勝高ほか『日本経済地理読本』東洋経済新報社　332.1

-03　参考図書［レファレンスブック］

通読するためではなく，必要な事柄などのみを効率的に調べることを目的とし，そのために編集上の工夫がこらされた著作に適用する。必要に応じて，-031／-038 のより詳しい記号を適用する。

例：『哲学事典』平凡社　103.3

-03　参考図書［レファレンスブック］　vs.　-05　逐次刊行物：新聞，雑誌，紀要

逐次刊行（出版形式）される参考図書（編集形式）には，-03 を用いる。

例：『経済文献解題 1980 年版』ダイヤモンド社　330.31

-031　書誌．文献目録．索引．抄録集

　一定の基準で選定された図書，論文，記事などの書誌データを検索しやすいように配列したリスト（文献リスト，記事索引などともいわれる）に適用する。

　　　例：『社会福祉論文目録』日本社会事業大学附属図書館　369.031

-032　年表

　年月を追って事項を記録した表の形式で編集された著作に適用する。

　　　例：佐野捨一編『世界図書館年表：古代‐1970年』日本図書センター　010.32

-033　辞典．事典．引用語辞典．用語集．用語索引［コンコーダンス］

　五十音順，ABC順，字画順などによる，小項目主義の事（辞）典などに適用する。

　　　例：『数学辞典』朝倉書店　410.33

-033　辞典．事典．引用語辞典．用語集．用語索引［コンコーダンス］　vs.　-035　名簿［ダイレクトリ］．人名録

　人名辞典には，-033を適用する。人名録には，-035を適用する。

　　　例：山田辰雄編『近代中国人名辞典』霞山会　282.2033
　　　例：『金融証券人名録』日本証券新聞社　338.035

-033　辞典．事典．引用語辞典．用語集．用語索引［コンコーダンス］　vs.　-036　便覧．ハンドブック．ポケット

1章　補助表………73

ブック

内容に基づく体系的な編集がなされた事（辞）典などには，
–036 を適用する。

例：『図説数学の事典』朝倉書店　410.36

–034　命名法［命名規則］

命名規約，命名規則そのものと，命名法・命名規則の解説
本に適用する。

例：『国際植物命名規約（セントルイス規約）2000』日本植物
分類学会　470.34

ただし，物の名称を集めたものとその解説本である，名彙
には適用しない。

例：加納善光『動植物の漢字がわかる本』山海堂　480

–035　名簿［ダイレクトリ］．人名録

団体名鑑など，団体の会員名簿に適用する。

例：『日本の研究者・技術者名鑑』アイピーシー　403.5

–035　名簿［ダイレクトリ］．人名録　vs.　–06　団体：学会，協会，会議

一学会・団体の会員名簿には，–06 を適用する。

例：『日本天文学会会員名簿』日本天文学会　440.6

–035　名簿［ダイレクトリ］．人名録　vs.　–076　研究調査機関　vs.　–077　教育・養成機関

人名録であっても研究調査機関の構成員の場合には，–076
を，教育・養成機関の構成員の場合には，–077 を適用する。

例：『金融証券人名録』日本証券新聞社　338.035

例：『公益財団法人労働科学研究所維持会会員名簿』労働科学研究所維持会　366.076

例：『医育機関名簿』羊土社　490.77

-036　便覧．ハンドブック．ポケットブック

大項目主義または内容に基づく体系的な編集がなされた事（辞）典などに適用する。

例：『図書館ハンドブック』日本図書館協会　010.36

-038　諸表．図鑑．地図．物品目録［カタログ］

参考図書とみられる図鑑などに適用する。

例：『三好保徳シダ植物コレクション標本目録』愛媛県総合科学博物館　476.038

-038　諸表．図鑑．地図．物品目録［カタログ］　vs.　-031　書誌．文献目録．索引．抄録集

物品目録［カタログ］が書誌（図書目録）の場合には，-031を適用する。

例：『公害関係図書目録』防災専門図書館　519.031

-038　諸表．図鑑．地図．物品目録［カタログ］　vs.　-087（固有補助表：美術図集）

700／739 および 750／759 においては，鑑賞のための図版を主体とする所蔵・出陳図録には，固有補助表の -087 を適用する。ただし，図版が目録の一部として収録されている美術館・展覧会の所蔵・出品目録には，形式区分の -038 を適

用する。

  　例：小林文次編『日本建築図集』相模書房　521.087

  　例：『日本歴史大図鑑』百年社　210.038

-04　論文集．評論集．講演集．会議録

　非体系的または非網羅的な編集がなされている著作（各々の章が独立し，しかも全体として体系的でないもの，すなわち多数人による論文集，および一個人のものでも執筆時期を異にした著作をまとめたものなど）に適用する。

  　例：日本平和委員会編『平和運動 20 年記念論文集』大月書店
  　　319.804

  　例：『三宅泰雄科学論集』水曜社　404

　当該主題と他主題との関連や対比を扱ったもの，または特定の概念・テーマから扱ったものに適用する。

  　例：矢内原忠雄『マルクス主義とキリスト教』岩波書店　190.4

  　例：ビュトール，M.『絵画のなかの言葉』新潮社　723.004

-04　論文集．評論集．講演集．会議録　vs.　-05　逐次刊
　　行物：新聞，雑誌，紀要

　逐次刊行される著作には，-05 を適用する。

  　例：『下水道協会誌論文集』(年 3 回刊)日本下水道協会　518.205

-04　論文集．評論集．講演集．会議録　vs.　-08　叢書．
　　全集．選集

　体系的・網羅的な編集がなされた著作には，-08を適用する。

  　例：伊藤俊太郎ほか編『科学の名著』朝日出版社　408

-049　随筆．雑記

　エッセイ風な記述の著作に適用する。文学者のエッセイは，特定主題があるものでも 9□4 に収める。

　　　例：高木東六『ドレミファ談義』日本経済新聞社　760.49

　現在のところ正統とは認められていない視点・論点の著作にも適用される。

　　　例：バーナード，R. W.『地球空洞説』角川春樹事務所　450.49

-05　逐次刊行物：新聞，雑誌，紀要

　印刷媒体，電子媒体にかかわらず，一定のタイトルの下，終期を予定せず，それぞれを区別できる巻号数などの順を追って継続的に刊行される著作に適用する。

　　　例：『図書館雑誌』（月刊）日本図書館協会　010.5

-05　逐次刊行物：新聞，雑誌，紀要　vs.　-03　参考図書　［レファレンスブック］

　参考図書の編集形式を合わせもっている著作には，-03 を適用する。

　　　例：経済文献研究会編『JOINT 雑誌記事索引　経済・産業編』
　　　　　日外アソシエーツ　330.31

-05　逐次刊行物：新聞，雑誌，紀要　vs.　-04　論文集．評論集．講演集．会議録

　一般論文集などの編集形式を合わせもっているものには，-05 を適用する。

　　　例：『下水道協会誌論文集』（年 3 回刊）日本下水道協会　518.205

1章　補助表………**77**

-059　年報．年鑑．年次統計．暦書

　主に一年間の内容を記録対象とした年刊の逐次刊行物に適用する。

　　　例：『図書館年鑑』日本図書館協会　　010.59

　統計書にも -059 を適用する。

　　　例：『データブック国際労働比較』労働政策研究・研修機構
　　　　　366.059

-06　団体：学会，協会，会議

　概要，事業報告，会員名簿など，個々の団体自身について論じている著作に適用する。

　　　例：『銀行協会 30 年史』全国銀行協会連合会　　338.06

-06　団体：学会，協会，会議　vs.　-076　研究調査機関

　研究調査機関には，-076 を適用する。

　　　例：『三菱総合研究所二十五年史』三菱総合研究所　　330.76

-06　団体：学会，協会，会議　vs.　-077　教育・養成機関

　教育・養成機関には，-077 を適用する。

　　　例：『東京大学医学教育国際協力研究センター 10 周年記念誌』
　　　　　東京大学　　490.77

-06　団体：学会，協会，会議　vs.　-04　論文集．評論集．講演集．会議録

　団体の活動によって出版される会議録や研究報告には，-04 を適用する。

　　　例：『電気学会全国大会講演論文集』電気学会　　540.4

-06　団体：学会，協会，会議　vs.　-05　逐次刊行物：新聞，雑誌，紀要

逐次刊行されるものには，-05 を適用する。

例：『私大連盟会報』日本私立大学連盟　377.05

-067　企業体．会社誌

個々の企業体に関する著作に適用し，業界一般に関する著作には適用しない。

例：大野明男『川崎製鉄』朝日ソノラマ　564.067

例：渡辺公平『鉄鋼業界』教育社　564.09

-07　研究法．指導法．教育

研究法,指導法,学習法について論じている著作に適用する。

例：『図書館情報専門職のあり方とその養成』勉誠出版　010.7

また，特定主題分野の外国語にも適用する。

例：日本薬学会編『薬学英語入門』東京化学同人　499.07

-075　調査法．審査法．実験法

調査法,審査法,実験法について論じている著作に適用する。

例：『単元調査法と有害地層・汚染地層の簡易判別テクノロジー』
日本地質汚染審査機構　519.5075

例：槌田龍太郎, 原沢四郎『分析化学実験法』共立出版　433.075

-076　研究調査機関

概要，事業報告，構成員の名簿など，個々の研究調査機関自身を扱った著作に適用する。

例：『林業試験場事業報告』山梨県林業試験場　650.76

-076 研究調査機関 vs. -04 論文集. 評論集. 講演集. 会議録

団体の活動によって出版される会議録や研究報告には, -04 を適用する。

> 例：『受託研究報告』建設省土木研究所　510.4

-076 研究調査機関 vs. -05 逐次刊行物：新聞, 雑誌, 紀要

逐次刊行される紀要などには, -05 を適用する。

> 例：『三菱総研グループレポート』三菱総合研究所　330.5

-077 教育・養成機関

概要, 事業報告, 構成員の名簿など, 個々の教育・養成機関自身を扱った著作に適用する。

> 例：『災害時地域医療支援教育センター事業報告書』岩手医科
> 　　大学　490.77

-077 教育・養成機関 vs. -04 論文集. 評論集. 講演集. 会議録

団体の活動によって出版される会議録や研究報告には, -04 を適用する。

> 例：『地域研究プロジェクト総括会議記録集』神戸学院大学地
> 　　域研究センター　361.704

-077 教育・養成機関 vs. -05 逐次刊行物：新聞, 雑誌, 紀要

逐次刊行される紀要などには, -05 を適用する。

例：『昭和女子大学現代教育研究所紀要』昭和女子大学現代教
育研究所　370.5

-078　教科書. 問題集

教科書や問題集に適用する。ただし，大学の授業で指定され
る教科書は，一般に特定の主題分野の概説書や専門書であ
ることが多い。これらには，-078 を適用しない。

-078　教科書. 問題集　vs.　375.9　教科書

小中高校の教科書は，375.9 の下に収める。

例：文部省編『小学国語読本. 尋常科用』秋元書房　375.98

-079　入学・検定・資格試験の案内・問題集・受験参考書

入学・検定・資格試験の案内・問題集・受験参考書に適用
する。

例：『歯科医師国家試験問題集』学建書院　497.079

-08　叢書. 全集. 選集

体系的または網羅的に編集した著作に適用する。物理的な
形態が判断の基準ではないので，単冊の全集にも適用する。

例：『弥吉光長著作集』日外アソシエーツ　010.8

-08　叢書. 全集. 選集　vs.　-04　論文集. 評論集. 講演集. 会議録

非体系的または非網羅的な著作には，-04 を適用する。

例：『図書館の発展を求めて：塩見昇著作集』日本図書館研究
会　010.4

–088　資料集

素材としての資・史料を集めた著作に適用する。

例：『財務金融資料集』衆議院調査局税務金融調査室　338.3088

例：『大日本史料』東京大学資料編纂所　210.088

（2）　地理区分

地球上の地域・国など（国名を中心とした行政地名）を列挙した補助表であり，主題を地域，国といった区分特性により細分する場合に適用する。

形式区分の –02 を介して，細目表のどの分類項目にも適用することができる。

例：『オランダ医学史』は，49（医学）＋ –02（形式区分：歴史的・地域的論述）＋ –359（地理区分：オランダ）→ 490.2359

「＊地理区分」という注記がある分類項目では，形式区分–02 を省略し，地理区分を直接付加する。

例：『グアテマラの民話』は，388（民話）＋ –571（地理区分：グアテマラ）→ 388.571

「＊日本地方区分」という注記がある分類項目では，形式区分の –02 に加え，日本の地理区分の最初の日本を示す記号–1 をも省略して付加する。

例：『千葉県議会』は，318.4（地方議会）＋ –135（地理区分：千葉県）より最初の 1 を省略し 35 を付加　→ 318.435

相関索引では，地理区分の記号は，アステリスク（＊）を冠したイタリック体で指示される。なお，相関索引に表示された分類記号中に「△」が含まれている場合は，「△」を地理記号に置き換えて適用する。

82………第Ⅲ部　NDCマニュアル

(3) 海洋区分

　地球上の海洋を列挙した補助表であり，主題をそれぞれの海洋という区分特性により細分する場合に適用する。細目表に「＊海洋区分」という注記のある分類項目（海洋気象誌（451.24），海洋誌（452.2）および海図集（557.78）のみ）に適用する。

　相関索引では，海洋区分の記号は，アステリスク（＊）を二つ冠したイタリック体で指示される。

> 例：『南太平洋海洋気候図 30 年報：1961〜1990』気象庁は，
> 　　451.24（海洋気象）＋ –3（南太平洋）→ 451.243

> 例：紺野義夫『日本海のおいたち』青木書店は，452.2（海洋
> 　　誌）＋ –23（日本海）→ 452.223

> 例：『ペルシア海湾水路誌：オマーン海湾・ペルシア海湾』海
> 　　上保安庁は，557.78（水路図誌）＋ –45（ペルシア湾）
> 　　→ 557.7845

(4) 言語区分

　世界の言語を列挙した補助表であり，主題をそれぞれの言語という区分特性により細分する場合に適用する。細目表に「＊言語区分」という注記のある分類項目に適用する。

> 例：『オランダ語で書かれた百科事典』は，03（百科事典）＋
> 　　–493（言語区分：オランダ語）→ 034.93

　ただし，「030　百科事典」と「040　一般論文集．一般講演集」および「050　逐次刊行物」では，039 が用語索引，049 が雑著，059 が一般年鑑として使用され，言語区分の –9（その他の言語）の付加とバッティングしてしまう。そこで，–9（その他の言語）以下を適用する場合は，899 を介在させ

1章　補助表⋯⋯⋯83

て付加する。

> 例：『ラテン語で書かれた百科事典』は，03（百科事典）＋
> 899 ＋ -92（言語区分：ラテン語）→ 038.9992

なお，相関索引に表示された分類記号中に「□」が含まれ
ている場合は，「□」を言語記号に置き換えて適用する。

1.2 固有補助表

以下の 10 種がある。固有補助表が用意されている分類項
目では，形式区分よりも固有補助表の適用が優先される。

(1) 神道各教派の共通細区分表（178 各教派．教派神道）
例：『金光教教典』金光教本部教庁 178.93

(2) 仏教各宗派の共通細区分表（188 各宗）
例：村中祐生纂輯『天台宗教聖典』山喜房佛書林 188.43

(3) キリスト教各教派の共通細区分表（198 各教派．教会史）
例：『モルモン書：イエス・キリストについてのもう一つの証』
末日聖徒イエス・キリスト教会 198.9793

(4) 日本の各地域の歴史（沖縄県を除く）における時代区分（211／219 各地）
例：佐藤博信編『中世房総と東国社会』岩田書院 213.504

(5) 各国・各地域の地理，地誌，紀行における共通細区分表（291／297 各国・各地域の地理・地誌・紀行）

84 ········第Ⅲ部 NDCマニュアル

例：『るるぶ奈良』JTB パブリッシング　291.65093

(6)　各種の技術・工学における経済的，経営的観点の細区分表（510／580　各種の技術・工学）

細目表の〈510／580　各種の技術・工学〉において各種の技術・工学における経済的，経営的観点の細区分表の各記号について説明する。

(7)　様式別の建築における図集（521／523　様式別の建築）

例：『白鳳時代の建築図集』521.34087

(8)　写真・印刷を除く各美術の図集に関する共通細区分表（700　芸術．美術）

例：湯川晃敏写真・構成『鎌倉の佛さま：湯川晃敏写真集』
MC 企画　718.087

(9)　言語共通区分（810／890　各言語）

細目表の〈810／890　各言語〉において言語共通区分の各記号について説明する。

(10)　文学共通区分（910／990　各言語の文学）

細目表の〈910／990　各言語の文学〉において文学共通区分の各記号について説明する。

注
1)　分類記号の「／」は，「～」を意味している。この例の場合は，「025 から 029（.9 までの下位の分類項目を含む）」ということ。

2章 細目表

　細目表中の分類項目の下にある「＊～は，ここに収める」という注記は，その分類項目のみを指示しているのではなく，主題の詳細さに応じて，その下位の分類項目をも含めた指示である。

2.1 ０類

　原則として０類は，学問分野を特定することができない，包括的・総合的な著作のための分類項目から構成されている。

　例えば，百科事典（030／038），用語索引（039），一般論文集．一般講演集（040／048），雑著（049），逐次刊行物（050／058），一般年鑑（059），団体：学会，協会，会議（060／065），新聞（071／077），叢書．全集．選集（080／089）などである。これらでは，主題を特定することができないので，主題を優先するというNDCの基本原則とは異なり，編集や出版の形式が区分原理として用いられる。

　一方で，包括的な学問分野または手段としての学問分野（多くの他の学問分野に関連している，または応用されている学問分野）の著作のための分類項目が含まれている。

　例えば，知識．学問．学術（002），情報学．情報科学（007），図書館．図書館情報学（010／019），図書．書誌学

（020／024），博物館（069），ジャーナリズム．新聞（070）
などの主題クラスが混入している。

こうした配置は，単に他の学問分野からはみ出したものと
いうことではなく，知識全般に関わるものであり，分類体系
の冒頭に類集すべきものという考えも含まれていると考えら
れる。

007　情報学．情報科学　vs.　547　通信工学．電気通信　vs. 548　情報工学　vs.　694　電気通信事業

情報学・情報科学〈一般〉およびコンピュータのソフトウ
ェアは，007の下に収め，コンピュータ機器のハードウェア
や工学的な取り扱いは，548の下に収める。電気通信の機器
や工学的な取り扱いは，547の下に収め，電気通信産業は，
694の下に収める。著作の内容が情報分野の各方面にわたり，
判断に迷う場合は，007の下に収める。

コンピュータ機器の制御のためのファームウェアは，548
の下に収め，電気通信機器の制御のためのファームウェアは，
547の下に収める。

　　例：松本良治『情報ネットワーク論』オーム社　547.48
　　例：小田徹『コンピュータ開発のはてしない物語』技術評論
　　　　社　548.2
　　例：『モバイル社会の未来：2035年へのロードマップ』NTT出
　　　　版　007.3
　　例：実積寿也『通信産業の経済学』九州大学出版会　694

007.3　情報と社会　vs.　547.48　情報通信．データ通信．コンピュータネットワーク

インターネットは，社会的・経済的な観点であれば007.3，工学的な観点であれば547.4833 に収める。

> 例：TMI 総合法律事務所編『IT・インターネットの法律相談』青林書院　007.3

> 例：芝田道『DSL ならできる超高速インターネット！』日本実業出版社　547.4833

007.35　情報産業．情報サービス　vs.　694　電気通信事業

情報通信産業，情報ネットワークを経済的・経営的観点から取り扱った著作は，007.35 に収める。情報産業に携わる個々の企業も，007.35 に収める。プロバイダについても，多様な情報サービスを提供する性格を踏まえ，007.35 に収める。

電気通信産業に関する著作は，694 の下に収め，694.5（データ伝送．データ通信事業）には，データ通信のインフラ整備に関する事業などを収める。判断に迷った場合には，007.35 に収める。

> 例：尾原和啓『IT ビジネスの原理』NHK 出版　007.35

> 例：『日本 IBM by AERA：THINK』朝日新聞出版　007.35

> 例：実積寿也『通信産業の経済学』九州大学出版会　694

> 例：広帯域 ISDN に関する調査研究会編『広帯域 ISDN 普及戦略：次世代通信を担うインフラストラクチャ』リックテレコム　694.5

007.353 ソーシャルメディア vs. 547.48 情報通信. データ通信. コンピュータネットワーク

　ソーシャルメディアを社会的・経済的に取り扱ったもの並びに利用法は，007.353 に収める。ソーシャルメディアのソフトウェア，プログラミングについても，007.353 に収める。ただし，サーバ構築などのハードウェアに限定されていれば，547.48（ネットワーク）の下に収める。

　　　例：香山リカ『ソーシャルメディアの何が気持ち悪いのか』
　　　　朝日新聞出版　007.353

007.37 情報セキュリティ vs. 007.375 不正操作 vs. 007.609 データ管理：データセキュリティ，データマイニング

　ネットワークのセキュリティやセキュリティトラブルおよび対処法は，007.37 に収める。コンピュータウィルス，ハッキング，クラッキング，マルウェア，スパイウェアなど特定の不正操作と防御は，007.375 に収める。データ管理およびデータベースの保全としてのセキュリティは，007.609 に収める。特定の情報システムのセキュリティは，その主題の下に収める。

　　　例：『サイバーセキュリティ 2020：脅威の近未来予測』インプレス R&D　007.37

　　　例：一條博『フリーソフトでつくるファイアウォール』工学社　007.37

　　　例：御池鮎樹『はじめてのウィルスバスター 2010』工学社　007.375

　　　例：手塚悟ほか『マイナンバーで広がる電子署名・認証サー

ビス』日経 BP 社　007.609

　　例：『IT セキュリティの強化書：「認証プラットフォーム」で
　　　構築する企業のシステム基盤：会社の情報を守らなけれ
　　　ばならない貴方に贈る』マイナビ出版　336.17

007.6　データ処理．情報処理　vs．501.24　振動工学．音響工学．超音波工学

　音声処理・合成については，デジタル・アナログ両者を包含したものは，501.24 に収め，デジタルに特化した音声処理・合成は，007.6 に収める。

　　例：広瀬啓吉『音声・言語処理』コロナ社　007.6
　　例：中田和男『音声』コロナ社　501.24

007.61　システム分析．システム設計．システム開発　vs．007.609　データ管理：データセキュリティ，データマイニング

　データベース管理システムの開発は，007.609 に収める。

　　例：都司達夫，宝珍輝尚『データベース技術教科書：DBMS
　　　の原理・設計・チューニング』CQ 出版　007.609

007.61　システム分析．システム設計．システム開発　vs．007.63　コンピュータシステム．ソフトウェア．ミドルウェア．アプリケーション

　システム分析などの総論や一般論は，007.61 に収め，より具体的，個別的なコンピュータシステム，ソフトウェア，アプリケーションなどの設計・処理は，007.63 の下に収める。ただし，特定の用途が明確なソフトウェア，アプリケーショ

ンについては，その用途に収める。

例：大槻繁『ソフトウェア開発はなぜ難しいのか』技術評論
社　007.61

例：田中徹『どうすればシステム発注で失敗を防げるか』技
術評論社　007.61

例：デービス，A. M.『ソフトウェア開発201の鉄則』日経BP
社　007.63

例：スウィッツァ，R.『オペレーティングシステム：設計と実
装』サイエンス社　007.634

**007.63　コンピュータシステム．ソフトウェア．ミドルウェ
ア．アプリケーション　vs.　547.48　情報通信．データ
通信．コンピュータネットワーク**

クライアントサーバシステム〈一般〉は，007.63に収める。
ハードウェアに重点がおかれている場合には，547.48に収め
る。

例：ハーキー，D. ほか『クライアント／サーバ紀行：火星人
Zogのネットワーク見聞録』富士ソフト　007.63

例：コンピュータ＆ネットワークLAN編集部編『クライアン
ト ・ サーバ活用ガイドブック：パソコンLANの構築か
らトラブル対策まで』オーム社　547.48

**007.63　コンピュータシステム．ソフトウェア．ミドルウェ
ア．アプリケーション　vs.　548.295　パーソナルコン
ピュータ［パソコン］．携帯型情報通信端末**

パソコンの操作方法〈一般〉は，007.63に収める。パソコ
ン一般は，548.295に収める。

例：中山洋一『パソコンの基本操作をおぼえよう』理論社
007.63

例：湯浅顕人『パソコンは買ったときからムダだらけ』宝島
社　548.295

007.63　コンピュータシステム．ソフトウェア．ミドルウェア．アプリケーション　vs.　694.6　電話

　携帯電話，スマートフォンの事業・サービス，利用法は，694.6 に収める。ただし，スマートフォン向けのソフトウェア．アプリケーション〈一般〉は，コンピュータのソフトウェアと同様に 007.63 の下に収める。特定の用途が明確なソフトウェアについては，その主題に下に収める。

例：川畑雄補ほか『スマートフォンアプリマーケティング現場の教科書』マイナビ出版　007.63

例：小口覺『スマホ入門＆便利テク：やりたいことがすぐできる！』主婦の友社　694.6

007.637　画像処理　vs.　007.642　画像描画：コンピュータグラフィックス，アニメーション

　すでにある画像を編集，あるいは加工する処理は，007.637 に収める。オリジナルに画像を描画するソフトウェアは，007.642 に収める。

例：樋口泰行『できる Photoshop Elements 14』インプレス
007.637

例：はぎのよしか『Adobe Illustrator 基礎テキスト』日経 BP 社
007.642

007.6389　データ通信用ソフトウェア　vs.　547.4833　公衆データ通信網．広域データ通信網．インターネット　vs.　694.5　データ伝送．データ通信事業

　電子メール〈一般〉は，そのソフト面（一部ハード面を含め）の使用方法と密接に関連しているので，007.6389 に収める。データ通信事業全般に関するインフラは，694.5 に収める。インフラのための技術的基盤は，547.4833 に収める。

　　　例：『超初心者のためのパソコン徹底講座．インターネット・電子メール編』読売新聞社　007.6389

　　　例：石川宏編著『マルチメディア・ネットワーク』NTT 出版　694.5

007.64　コンピュータプログラミング

　個々の主題のコンピュータプログラミングは，各主題の下に収める。

　　　例：桜井憲二ほか『財務プログラミング入門』東洋経済新報社　336.9

007.64　コンピュータプログラミング　vs.　694.6　電話

　スマートフォン向けのプログラミング〈一般〉は，コンピュータのプログラミングと同様に 007.64 の下に収める。

007.642　画像描画：コンピュータグラフィックス，アニメーション　vs.　727　グラフィックデザイン．図案

　コンピュータ絵画の情報処理的技法は，007.642 に収める。芸術的要素をもつコンピュータ絵画の技法は，727 に収める。

　　　例：北山洋幸『OpenCV3 基本プログラミング：さらに進化し

た画像処理ライブラリの定番』カットシステム　007.642

例：井上のきあ『Illustrator ジャパンメソッド』エムディエヌ
コーポレション　727

010.2　図書館史・事情　vs.　016／018　各種の図書館

図書館全般あるいは一地域の図書館史・事情は，01（図書
館）に形式区分の -02 を介して地理区分を付加するが，個々
の図書館の歴史は公共図書館も含めて，016 ／ 018 に収める。

例：『北海道立図書館 50 年史』北海道立図書館　016.211

010.7　研究法．指導法．図書館学教育．職員の養成　vs.　010.77　司書課程．司書講習・研修

図書館職員の研修（現職教育）は，010.7 に収める。司書
の資格取得のための研修・教育は，010.77 に収める。

例：『図書館職員の研修の充実方策について（報告）』これか
らの図書館の在り方検討協力者会議　010.7

例：平田泰子編『自由が丘産能短期大学における司書養成教
育の歩み』自由が丘産能短期大学　010.77

012.89　ブックモビル　vs.　015.5　移動図書館．ブックモビル　vs.　537.99　その他の自動車

図書館サービスの視点から扱われたブックモビルに関する
著作は，015.5 に収める。図書館設備の視点から扱われたブ
ックモビルに関する著作は，012.89 に収める。

例：鎌倉幸子『走れ！移動図書館：本でよりそう復興支援』
筑摩書房　015.5

015　図書館サービス．図書館活動　vs.　015.9　利用対象別サービス

015.9 の下に用意されたサービス対象が明確な場合は，015 の下の各サービスであっても，015.9 の下に収める。

> 例：藤井いづみ『子どもにとどく語りを』小澤昔ばなし研究所　015.93

> 例：佐藤涼子『お話会のプログラム：多様な手法で多様な楽しみを』編書房　015.8

015.6　読書会．読書運動　vs.　019.25　読書感想文．読書記録

図書館以外で行われるものも含め，読書会の企画，運営，活動などの記録は，015.6 に収める。読書会の感想文集や読書記録，日誌そのものは，019.25 に収める。

> 例：長尾幸子『読書会をひらこう』全国学校図書館協議会　015.6

> 例：辺見美江子，安田晶編『糸ぐるま：読書会『糸ぐるま』の記録』糸ぐるま　019.25

016　各種の図書館

016 は，下位区分に図書館の種類を展開するために用意された分類項目なので，この分類項目自体は，実際には使用しない（図書館の種類を問わない，いわゆる図書館全体は，010 に収める）。

016.4　団体・企業内の図書館　vs.　018　専門図書館

団体・企業の福利施設としての図書館は，016.4 に収める。

団体・企業に設置された業務または研究用の図書館は，018
に収める。

> 例：塩谷孝治郎編著『満鉄鞍山図書館沿革史』満鉄鞍山図書
> 館　016.4

> 例：東洋文庫編『アジア学の宝庫，東洋文庫：東洋学の史料
> と研究』勉誠出版　018

021.4　編集．編纂　vs.　021.43　編集者

021.43 には，職業としての編集者の職務の紹介，特徴など
を収める。編集者の列伝は，021.4 ＋ –028（形式区分：多数
人の伝記）→ 021.4028 となる。

> 例：大沢昇『編集者になろう！』青弓社　021.43

> 例：塩沢実信『頭脳集団の推進者たち：名編集者列伝』花曜
> 社　021.4028

025　一般書誌．全国書誌　vs.　025.8　地方書誌．郷土資料　目録　vs.　210／270　各国・各地域の歴史

一地域で出版された資料の書誌は，025 の下に収め，地理
区分を付加する。特定の主題に限定されない，一地域に関す
る書誌は，025.8 の下に収め，地理区分を付加する。地方
史・誌の資料目録は，210／270 に収める。

> 例：『出版年鑑』出版ニュース社　025.1

> 例：『徳島県立図書館郷土資料目録』徳島県立図書館　025.8181

> 例：坂東省次編『スペイン関係文献目録』行路社　025.836

> 例：日外アソシエーツ編『ヨーロッパ関係図書目録』日外ア
> ソシエーツ　025.83

> 例：『徳島県史料所在目録』徳島県立図書館　218.10031

026　稀書目録. 善本目録

「026.3　刊本：古刊本, インキュナブラ」の下の「＊近世以前に刊行された出版目録は, ここに収める；ただし, 特定主題に関する刊本目録は, 各主題の下に収める」という注記により, 026 の下位区分の中で刊本目録のみが主題を優先する。

　　例：小泉吉永編, 吉海直人校訂『女子用往来刊本総目録』大
　　　空社　375.9031

027.38　個人著述目録. 個人著作年譜　vs.　主題

個人伝記が 289 に分類される個人の著述目録・著作年譜は, 027.38 に収める。289 に分類されない個人（哲学者, 宗教家, 芸術家, スポーツ選手, 諸芸に携わる者および文学者）の著述目録・著作年譜は, 各々の主題の下に収める。

　　例：『家永三郎著作目録』家永三郎　027.38

　　例：『井伏鱒二文学書誌』永田書房　910.268

027.5　逐次刊行物目録および索引

雑誌記事索引は, ここに収める。ただし, 個々の雑誌に関する索引は, その雑誌の下に収める。

　　例：『雑誌記事索引』国立国会図書館　027.5

　　例：『図書館雑誌総索引』日本図書館協会　010.5

027.9　非図書資料目録：視聴覚資料目録, 地図目録　vs.
**　　　027.95　録音資料目録**

障害者用の録音資料目録は, 027.95 に収める。健常者も含めた録音資料目録は, 027.9 に収める。

030　百科事典

　本来は，03（百科事典）に –9（言語区分：その他の諸言語）を付加してできた 039 という分類項目を「用語索引」というまったく別の意味の分類項目として細目表中にあらかじめ用意したことから，言語区分とのバッティングを避けるため，–9（言語区分：その他の諸言語）およびその下にある記号を付与する場合には，899 を間に介して付加する。

　　例：『バスク語で書かれた百科事典』は，03（百科事典）＋ 899 ＋ –935（言語区分：バスク語）→ 038.99935

040　一般論文集．一般講演集

　本来は，04（一般論文集・講演集）に –9（言語区分：その他の諸言語）を付加してつくられた 049 という分類項目を「雑著」というまったく別の意味の分類項目として細目表中にあらかじめ用意したことから，言語区分とのバッティングを避けるため，–9（言語区分：その他の諸言語）およびその下にある記号を付与する場合には，899 を間に介して付加する。

　　例：『バスク語で書かれた一般論文集』は，04（一般論文集）＋ 899 ＋ –935（言語区分：バスク語）→ 048.99935

040　一般論文集．一般講演集　vs．080　叢書．全集．選集

　一人または複数人の論集で，主題が多岐にわたる著作は，040 の下に収める。体系的に編纂された，主題が多岐にわたる多巻ものおよび一冊にまとめられた著作集は，080 の下に収める。

　　例：NHK 編『NHK 文化講演会』日本放送出版協会　041
　　例：大澤真幸ほか編『岩波講座現代』岩波書店　081

049　雑著　vs.　9□4　評論. エッセイ. 随筆

どの主題の下にも収められない著作を収める。特定主題が明確なものは，細目表中のその主題の分類項目の記号に–049（形式区分：随筆. 雑記）を付加する。文学作品と見なせる著作は，9□4 の下に収める。

> 例：『知らなきゃよかった！本当は怖い雑学 150』鉄人社　049.1
>
> 例：高橋三千世『高橋三千世の風まかせ育児の花道』婦人生活社　599.049
>
> 例：北杜夫『マンボウ的人生論：若者のためのエッセイ集』創隆社　914.6

050　逐次刊行物

本来は，05（逐次刊行物）に –9（言語区分：その他の諸言語）を付加してつくられた 059 という分類項目を「一般年鑑」というまったく別の意味の分類項目として細目表中にあらかじめ用意したことから，言語区分とのバッティングを避けるため，–9（言語区分：その他の諸言語）およびその下にある記号を付与する場合には，899 を間に介して付加する。

> 例：『バスク語で書かれた総合雑誌』は，05（逐次刊行物）＋899 ＋ –935（言語区分：バスク語）→ 058.99935

059　一般年鑑　vs.　350.9 世界統計書　and　351／357　一般統計書

総合年鑑および一地域に関する総合年鑑は，059 の下に収める。

> 例：『ブリタニカ国際年鑑』ブリタニカ・ジャパン　059

統計を主とした一般年鑑は，350.9 および 351／357 に収め

る。

　　例：『琉球統計年鑑　復刻版』不二出版　351.99

　特定主題に関する年鑑は，その主題の分類記号＋形式区分
-059 に収める。

　　例：『NHK 年鑑』日本放送出版協会　699.059

065　親睦団体．その他の団体　vs.　361.65　機能集団

　各種親睦団体の団体史や名簿などは，065 に収める。団体
自体を研究対象とするものは，361.65 に収める。

　　例：『横浜・鶴見沖縄県人会史：鶴見沖縄県人百年の歩み』鶴
　　　見沖縄県人会　065

　　例：鰺坂学『都市同郷団体の研究』法律文化社　361.65

　　例：菅野完『日本会議の研究』扶桑社　361.65

069　博物館

　個々の一般博物館および学校・大学博物館に関するものは，
069.6／.7 の下に収める。特定の専門博物館に関するものは，
各主題の下に収める。

　　例：『沖縄県立博物館 50 年史』沖縄県立博物館　069.6199

　　例：成毛眞，折原守『国立科学博物館のひみつ』ブックマン
　　　社　406.9

069.9　博物館収集品目録・図録　vs.　703.8　美術品目録
　　vs.　708.7　美術図集

　個々の博物館の収集品（美術品を含む）目録・図録も
069.9 に収める。図版が目録の一部として収録してある美術
館・展覧会の所蔵・出陳目録は，703.8 に収める。ただし，

鑑賞のための図版を主体とする所蔵・出陳目録は，708.7 に
収める。

> 例：『鎌倉国宝館収蔵名品目録』鎌倉国宝館　069.9

> 例：『横浜美術館収蔵品目録』横浜美術館　703.8

> 例：『大原美術館展：名画への旅』静岡市美術館　708.7

070　ジャーナリズム．新聞　vs.　361.453　マスコミュニケーション．マスメディア　vs.　699　放送事業：テレビ，ラジオ

　新聞，テレビ，ラジオなど総合的なマスコミ事情・報道
〈一般〉は，070 の下に収める。テレビ，ラジオに限定される場合は，699 の下に収める。社会学の視点からのマスコミュニケーション論は，361.453 に収める。判断に迷う場合には，070 の下に収める。

> 例：ジャービス，J.『デジタル・ジャーナリズムは稼げるか：
> メディアの未来戦略』東洋経済新報社　070

> 例：『放送メディアの普及シナリオ』シード・プランニング　699

> 例：望月義人『メディア学のすすめ：コミュニケーション力
> をつけるために』人間社　361.453

080　叢書．全集．選集

　細目表の 080 の下には，030，040，050 とは異なり，089
という分類項目はあらかじめ用意されていないので，言語区
分とのバッティングは起こらない。しかし，030，040，050
との論理的整合性を意識して，−9（言語区分：その他の諸言
語）およびその下にある記号を付与する場合には，899 を間
に介して付加する。

2章　細目表⋯⋯⋯101

例：『バスク語で書かれた叢書』は，08（叢書）＋ 899 ＋ -935
（言語区分：バスク語）→ 088.99935

また，物理的な集合を表すものではないので，単冊の全集にも使用する。

例：山下重一，小林宏編『城泉太郎著作集』長岡市　081.6

2.2 1類

1類は，人間の精神界にかかわる哲学（100／139），心理学（140／149），倫理学（150／159），宗教（160／199）から構成されている。

なお，第2次区分表の分類項目名では，心理学と倫理学は，哲学より一文字分字下げされ，哲学の下位区分のように表示されているが，心理学は，独立した学問分野である。また，倫理学は，道徳哲学とも呼ばれ，哲学と密接に関係しており，哲学の一部と見なされることがあるが，NDCでは，独立した学問分野とみなしている。

100　哲学

※　哲学は，哲学総記（100／108），哲学各論（110／119），各国の哲学・思想（120／139）から構成されている。

※　特定主題の哲学（思想）は，各主題の下に収める。例えば，歴史哲学（201.1），宗教哲学（161.1），社会思想（309），法哲学（321.1），教育哲学（371.1），科学哲学（401），美学（701.1），言語哲学（801.01）など。

例：デューイ，J.『学校と社会』明治図書出版　371.253

※　特定主題の哲学であっても，著者の哲学体系の重要な一

部をなす著作，あるいは哲学史上に位置づけられる著作の場合には，120／139 の下に収める。

例：アリストテレス『ニコマコス倫理学』光文社　131.4

例：トマス・アクィナス『神学大全』中央公論社　132.2

110　哲学各論
西洋哲学の体系による各論である。

110　哲学各論　vs.　120／130　各国の哲学・思想
哲学各論に関する包括的な著作・概論・歴史などは，111／118 の下に収める。120／130 の下の個々の哲学者・思想家の著作は，111／118 の主題に関するものでも，120／130 の下に収める。特に分野を絞れない著作は，104 に収める。

例：西田幾多郎『思索と体験』岩波書店　121.63

例：大崎博『論証と論理』成隆出版　116

例：務台理作『思索と観察』勁草書房　104

126　インド哲学．バラモン教
インド哲学とバラモン教の哲学が含まれる項目なので，インド思想史の場合には，形式区分を付加しない。

例：田中収『インド思想史研究の諸相』愛知書房　126

140　心理学
※　心理学は，心理学総記（140），各種の心理学（141／146），超心理学．心霊研究（147）および相法．易占（148）から構成されている。

※　特定主題の心理学は，各主題の下に収める。例えば，犯

罪心理学（326.34），教育心理学（371.4），音楽心理学（761.14），言語心理学（801.04）など。

※　応用心理学は，全般にわたるものは心理学の下に収めるが，特定主題の心理学であれば，各主題の下に収める。146（臨床心理学）においても，臨床心理学の理論，診断，精神療法などはその下に収めるが，医学としての精神療法は医学の各主題の下に収める。

150　倫理学．道徳

※　倫理学は，総記としての倫理学．道徳（150）および倫理各論（151），所属集団別の倫理としての家庭倫理．性倫理（152），職業倫理（153），社会倫理（154）並びに歴史的な倫理としての国体論．詔勅（155），武士道（156），報徳教．石門心学（157），さらにその他の特定主題（158），人生訓．教訓（159）から構成されている。

159　人生訓．教訓

下位区分が競合する場合には，①様式・由来（159.2／.3および.8／.9），②主題（159.4），③対象別（159.5／.79）の優先順位になる。

　　例：北沢バンビ『オンナの格言集：ゲンダイ女子の道シルベ』
　　　　リイド社　159.8

　　例：有川真由美『いつも仕事がうまくいく女の41のリスト』
　　　　PHP研究所　159.4

　　例：小西さやか『レディの教科書：美しくしなやかに生きる
　　　　202のリスト』宝島社　159.6

160／190　宗教

※　宗教は，一般宗教学（160／165），各宗教（166／199）から構成されている。各宗教の中では，神道，仏教，キリスト教を大きく取り扱い，その各宗派，教派（178，188，198）に固有補助表を用意している。

※　一宗派・教派の教義，史伝，宗典，法話，語録，説教集，社寺，教会，法会，儀式，布教・伝道などは，それぞれの宗派・教派の下に収め，固有補助表を付加する。

　　例：田野島孝道『あまり風を求めて：兵庫西運寺の和尚のつぶやき』文藝春秋　188.64

　　ただし，宗派・教派が特定できない場合には，その宗教の下に収める。例えば，仏教家の説教集なら184に収める。

　　例：南泉和尚『自分を大きく咲かせる「ブッダ」の言葉』三笠書房　184

※　宗教家の全集は，その人の帰依する宗派の下に収める。

　　例：顕意上人『顕意上人全集』浄土宗西山深草派宗務所　188.6

　　ただし，内容が特定の宗派に限定されない一般的なものは，170.8 または 180.8 あるいは 190.8 に収める。

　　例：バックストン，B. F.『バックストン著作集』いのちのことば社　190.8

※　改宗した寺社および改宗者の伝記は，改宗した最後の宗派に収める。

※　細目表に用意されていない宗教は，その他の宗教．新興宗教（169）の下に収める。

　　例：谷口雅宣『生長の家ってどんな教え？』生長の家　169.1

169　その他の宗教．新興宗教　vs.　178.9　その他各派

vs. 188.99 その他の宗派 vs. 198.99 その他：神智教，無教会主義

日本における宗教団体については，文化庁編『宗教年鑑』などで明確な系列が示されていれば，その系列に収める。系列がはっきりしない場合は，169.1 に収める。

例：石山照明『行雲流水：ある大本教信者の数奇な生涯』エスアイビー・アクセス 169.1

例：笹本宗道『宇宙神道：神々の救済：正神界の神々の守護と，幸福になるための「真理八則」』現代書林 178.9

例：早田一郎『天理教伝道史の諸相』天理大学おやさと研究所 169.1

例：『霊友会史』霊友会 188.99

例：シュタイナー，R.『聖杯の探求：キリストと神霊世界』イザラ書房 169.34

例：堤純子『アーミッシュホームにようこそ』未知谷 198.99

185.9 寺誌. 縁起 vs. 188.99 その他の宗派＋ -5 寺院（固有補助表）

単立寺院（単立宗教法人＝いずれの宗教団体にも属さない寺院）は，188.99 ではなく 185.9 に収める。宗派や教団（包宗教法人）に属する寺院については，188 の各宗派の下で固有補助表の寺院（-5）を付加する。

〈宗教芸術 vs. 芸術〉

176.7 歌舞音曲 vs. 768.2 雅楽. 舞楽 vs. 702.097 神道芸術

186.7 仏教美術 vs. 702.098 仏教芸術

106········第Ⅲ部 NDCマニュアル

196.5 讃美歌 vs. 765.6 聖歌. 讃美歌

196.7 キリスト教芸術 vs. 702.099 キリスト教芸術

　信仰の対象として扱われたもの，あるいは信仰の立場から書かれたものは，176.7，186.7，196.5，196.7 に収める。芸術的・鑑賞的な観点から扱われたものは，768.2，702.097，702.098，765.6，702.099 に収める。

　判断に迷う場合には，芸術的・鑑賞的な観点を選択する。

　　例：江部鴨村『仏教芸術：仏像から経典まで』潮文社　186.7

　　例：石田茂作『仏教美術の基本』東京美術　702.098

　　例：ヴァイラー，E.『神の子イエス：出合いと信仰』エンデルレ書店　196.7

　　例：田中忠雄，田中文雄『名画に見るキリスト』保育社　702.099

2.3 2類

　2類は，過去から現在に及ぶ人間社会についての時間的過程の記録としての歴史（200／279）と人についての史的記録としての伝記（280／289）および人間と地表との相互関係についての空間（地域）的な記録としての地理．地誌．紀行（290／299）から構成されている。

　過去および現在に関する事象を扱うが，未来の計画には関わらない。

200　歴史

※　歴史は，現代史を含めて過去のできごとの記述であり，歴史総記（200）および各国・各地域の歴史（210／279）から構成されている。

2章　細目表………107

※　歴史分野において主題を構成する各要素の引用順序は，「各国・各地域 -- 時代 -- 形式」である。ただし，国・地域を特定しない歴史総記（201／208）における引用順序は，「歴史 -- 形式 -- 時代」である。したがって，世界史の時代を表す分類項目として「209　世界史. 文化史」を用意してある。また，形式区分 -02 を付加した分類項目の本来の意味を変更し，歴史補助学を配置したため，歴史学者列伝を 201.28 に列挙することで対応している。

※　特定主題の歴史は，各主題の下に収め，形式区分 -02 を付加する。ただし，一般政治史，一般社会史，戦争史は，特殊な主題ではあるが，200 の下に収める。

※　対外交渉史（210.18，221.01，222.01）は，通史的なものに限られ，近代以後のものは外交問題（319）の下に収める。一時代の交渉史は，時代史に収める。

　　例：松尾晋一『江戸幕府の対外政策と海岸警備』校倉書房　210.5

※　戦争史（その外交史も含めて）：特定の国の視点が明確でない場合には，日本と他国との戦争は，原則として日本史の下に収める。また，日本が当事国でない戦争は，原則として被侵略国ないし敗戦国の歴史の下に収める（影響関係）。

　　例：藤村道生『日清戦争』岩波書店　210.65

　　例：佐々木正哉『鴉片戦争の研究』近代中国研究委員会　222.065

※　戦争の記録は，歴史に収める。従軍記は，各国語文学のルポルタージュ（9□6）に収める。ただし，軍事的見地からの著作の場合は，391.2　戦史. 戦記に収める。

　　例：歴史学研究会編『太平洋戦争史』青木書店　210.75

　　例：角田簾夫『太平洋戦争の体験』ふだん記全国グループ　916

　　例：防衛庁防衛研修所戦史室編『本土決戦準備』朝雲新聞社

391.2

※　地方に発生した事件でも，各国・各地域の歴史に関わる事件の場合には，各国・各地域の歴史 -- 時代の下に収める。

　　例：井出孫六『秩父困民党』講談社　210.635

※　亡国の民族の歴史は，その民族が居住していた土地の歴史に収める。

　　例：ベンサソン，H. H. 編『ユダヤ民族史』六興出版　227.9

※　2つの時代にまたがっている場合には，特に後者に重点がおかれていなければ，前の時代の下に，3つ以上の時代にまたがっている場合には，原則としてそれらを包含する時代の下に収める。

　　例：『日本古代・中世史の地方的展開』吉川弘文館　210.3

200　歴史　vs.　290　地理. 地誌. 紀行　vs.　302　政治・経済・社会・文化事情

歴史と地誌の両面が記述されており，判断に迷う場合には歴史を選択する。ただし，史跡などをめぐる歴史紀行・散歩の場合には，歴史記述に重点がおかれていないかぎり，紀行・案内を選択する。

　　例：前園実知雄『中国歴史紀行：史跡をめぐる五万キロの旅』
　　　　新泉社　292.209

歴史的記述でない（現在の）社会科学分野の主題が中心の場合は，302 の下に分類する。判断に迷う場合には，歴史を選択する。

　　例：森本俊彦『中国見聞考：現代中国のゆくえ』ガリバープ
　　　　ロダクツ　302.22

210.025　考古学

日本の個々の遺跡・遺物に関する著作は，地域が優先される。ただし一国の歴史に関係ある（その時代において中心的な）遺跡・遺物は，その時代に収める。

> 例：『三内丸山遺跡：巨大集落のなぞ』笠懸野岩宿文化資料館
> 212.1

> 例：『平安京』京都市文化市民局文化芸術都市推進室文化財保
> 護課　210.36

210.17／.19　災異史／戦争史

ここには明治以前のものを収め，各時代のものはそれぞれの時代に収める。明治以後のものは，それぞれの主題に収める。

> 例：田中健夫『中世対外関係史』東京大学出版会　210.4

> 例：義井博『昭和外交史』南窓社　319.1

222.04　秦漢・魏晋南北朝・隋唐時代　vs.　222.043　三国時代 220-280

魏晋南北朝時代は，三国時代（222.043），晋：東晋（222.044），五胡十六国時代（222.045），南北朝時代（222.046）の4時代にまたがっているが，222.04ではなく222.043に収める。3つ以上の時代にまたがる場合には，それらを包含する時代の下に収めるのが原則であるが，この場合には先行する秦時代（222.041），漢時代（222.042）との配列順序を優先する。

231　古代ギリシア　and　232　古代ローマ

歴史における各国・各地域では，基本的に現在の国家をベ

ースにしている。しかし，古代ギリシアおよび古代ローマは，
国・地域と時代が一体化した特別な列挙項目として，現在の
ギリシアおよびローマ史とは別の分類項目が表中に用意され
ている。

　　例：桜井万里子編『ギリシア史』山川出版社　239.5

　　例：中井義明『古代ギリシア史における帝国と都市』ミネル
　　　ヴァ書房　231

280　伝記

　NDC は，いわゆる一般的な伝記資料だけではなく，日記，
書簡，語録，逸話，追悼録，伝記書誌，年譜など一切を伝記
資料として捉える。伝記は，列伝[1]（280／287），系譜．家史.
皇室（288）および個人伝記（289）から構成されている。た
だし，NDC の伝記資料の分類では，これらの用意された分
類項目以外をも使用する必要があるので注意しなければなら
ない。

　主題分析の結果，伝記資料であると判断したならば，次は
何人の人物（被伝者）に関する伝記資料なのかを確認する。

（1）　列伝

　被伝者が 3 人以上，つまり列伝であると確認した場合には，
その次の判断基準は，それらの被伝者たちが特定の主題分野
に限定されているかどうかである。

①　特定の主題分野に限定できる場合には，細目表からその
　　主題分野の分類項目を見つけ，その記号を付与する。そし
　　て，その記号の後ろに一般補助表の形式区分より多数人の
　　伝記を表す記号 -028 を付加する。原則として，地理区分

2章　細目表⋯⋯⋯111

-021／-027 より形式区分 -028 が優先される。

例えば、「科学者の列伝」は、まず細目表より主題分野の分類項目である「400 自然科学」を選び、その記号を付与する。次に形式区分より多数人の伝記を表す記号 -028 を選び、それを主題の記号の後ろに付加して 402.8 とする。

> 例：内田麻理香『面白すぎる天才科学者たち』講談社　402.8

ただし、芸術家の列伝のみは、その例外となる。つまり、形式区分 -028 よりも地理区分 -021／-027 が優先される。

例えば、「フランスの音楽家の列伝」は、まず細目表より主題分野の分類項目である「760　音楽」を選び、その記号を付与する。次に地理区分よりフランスを表す記号 -35 を選び、それを主題の記号の後ろに付加して 762.35 とする。

> 例：ピトルー，R.『フランス音楽の 11 人：グノーからドビュッシーへ』音楽之友社　762.35

② 被伝者たちがさまざまな主題分野にわたり、主題分野を一つに限定できない場合には、細目表に用意されている分類項目である「280　伝記」を選択し、その記号を付与する。この場合には、さらに被伝者たちが特定の国・地域に限定されるかどうかを確認し、国・地域が限定できる場合には、一般補助表の地理区分よりその国・地域を示す記号を選び、それを後ろに付加する。

例えば、「日本人の列伝」は、まず細目表に用意されている分類項目である「280　伝記」を選び、その記号を付与する。次に地理区分より日本を表す記号 -1 を選び、それを後ろに付加して 281 とする。

> 例：磯田道史『無私の日本人』文藝春秋　281

ただし、他国・地域に居住する一民族に関するものは、

母国・地域ではなく居住している国・地域を示す記号を選択する。

例：『最新北米日系人住所録』日米出版協会　285.3035

③　一人の人物を中心として，それをめぐる多くの人物の伝記を扱ったものは，その中心人物の個人伝記として「289 個人伝記」の下に収める。

例：峰岸純夫，江田郁夫編『足利尊氏：激動の生涯とゆかりの人々』戎光祥出版　289.1

(2)　個人伝記

被伝者が2人までの個人伝記の場合には，被伝者がどの主題分野・専門分野に関わる人なのかが，その次の判断基準となる。

①　哲学者，宗教家，芸術家，スポーツ選手，諸芸に携わる者および文学者（文学研究者を除く）の個人伝記であった場合には，その思想，作品，技能などと不可分の関係にあることから，それぞれの主題の下に収める。

1)　哲学者の個人伝記

その哲学者の所属する学派・哲学の分類項目に収める。特に有名な哲学者は，個人の分類項目が用意されている。名前が例示されていない哲学者の場合も同様である。

例：石井栄一『ベーコン』清水書院　133.2

2)　宗教家の個人伝記

その宗教家が帰依した宗教の宗派・教派・教会の分類項目を見つけ，その記号を付与する。次に，神道，仏教，キリスト教の場合には，それぞれの宗派・教派・教会の分類項目の下に用意された固有補助表より伝記を表す記

2章　細目表………113

号 –2 を選び，それを後ろに付加する。

例：末木文美士『親鸞：主上臣下，法に背く』ミネルヴァ書
房　188.72

3)　芸術家の個人伝記

最も活躍が顕著であった芸術分野の下で，主な活動の
場と認められる国もしくは出身国により地理区分する。

例：村田千尋『シューベルト』音楽之友社　762.346

4)　スポーツ選手の個人伝記

最も活躍が顕著であったスポーツの分類項目に収める。

例：新宮正春『知られざる長嶋茂雄』角川書店　783.7

5)　諸芸に携わる者の個人伝記

最も活躍が顕著であった諸芸の分類項目に収める。

例：大山勝男『反骨の棋譜坂田三吉』現代書館　796

6)　文学者の個人伝記（作家研究）

まず，その文学者の通常使用している言語によって区
分し，次にその文学者の主たる文学形式を特定できる場
合には，その文学形式の下の活動した特定の時代の下に
収める。

例：中村稔『萩原朔太郎論』青土社　911.52

例：福田陸太郎, 菊川倫子『シェイクスピア』清水書院　932.5

ただし，近代文学においてはその主流が小説であり，
文学史も小説史と重なる部分が多いので，小説家の場合
は，文学史の下の活動した特定の時代の下に収める。

例：永井善久『〈志賀直哉〉の軌跡：メディアにおける作家表
象』森話社　910.268

なお，特定の文学形式に偏らない近代以降の文学者の
場合も文学史の下の活動した特定の時代の下に収める。

例：山下聖美『大人のための宮沢賢治再入門：ほんとうの幸
　　　　　いを探して』NHK 出版　910.268

②　上記の分野以外の個人伝記は，細目表に用意されている
　　分類項目である「289　個人伝記」に収めることになる。
　　その上で，被伝者の出身国もしくは主な活動の場と認めら
　　れる国により地理区分，または「-1　日本人」，「-2　東洋
　　人」，「-3　西洋人およびその他」と三分する方法のどちら
　　かを選択することになる（日本の図書館では，そのほとん
　　どが三分する方法を採用している）。

　　　例：水木楊『爽やかなる熱情：電力王・松永安左エ門』日本
　　　　　経済新聞社　289.1

③　二つの分野に業績があり，どちらが主であるか判断に迷
　　う場合には，その分野の一つが289 の注記にある分野（哲
　　学，宗教，芸術，スポーツ，諸芸，文学）である場合には，
　　289 の下に収めず，その主題の下に収める。両方が上記の
　　分野である場合には，どれか一つの分野を選択する。

　　　例：西永良成『評伝アルベール・カミュ』白水社　950.278

　　　また，三つ以上の分野に業績のある人物の個人伝記は，
　　289 の下に収める。

　　　例えば，マルクス主義哲学（116.4；134.53），唯物史観
　　［史的唯物論］（201.1），マルクス主義（309.3），マルクス
　　経済学（331.6）と多数分野での業績があるマルクスの伝
　　記は，289 の下に収める。

　　　例：イリイナー，E.『マルクスの青春：その勉学と恋愛』現代
　　　　　史出版会　289.3

④　内容が生涯のことよりも著述，業績に主体をおいたもの
　　は，被伝者が活動した主題の下に収める。

例：ボウラー，P. J.『チャールズ・ダーウィン：生涯・学説・
　　　　　その影響』朝日新聞社　467.5

⑤　個人の一面のみを扱った伝記書は，一般にみてその人の
　　主なる分野の下に収める。
　　　例：小川政修『自然科学者としてのゲエテ』九州大学出版会
　　　　　940.268

⑥　皇室・王室の伝記資料の場合は，上記とは別のやり方を
　　とる。日本の皇室の列伝は「288.4　皇室」に，個人伝記は
　　「288.41　天皇」および「288.44　皇族．皇族譜」に収める。
　　　例：勝浦令子『孝謙・称徳天皇：出家しても政を行ふに豈障
　　　　　らず』ミネルヴァ書房　288.41

　　　また，外国の皇室・王室の列伝は「288.49　外国の皇
　　室・王室」に，個人伝記は「289　個人伝記」の下に収める。
　　　例：モービー，J. E.『世界歴代王朝・王名ハンドブック』柊風
　　　　　舎　288.49
　　　例：黒岩徹『危機の女王エリザベス2世』新潮社　289.3

⑦　統治者（君主，大統領，政治家など）の公的な日記・記
　　録，あるいは公的生涯の記述が主なものは，その国の歴史
　　-- 時代または政治史の下に収める。私的生活と公的生活
　　のいずれを主とするか判断に迷う場合は，289の下に収める。
　　　例：藤原道長『御堂関白記』思文閣出版　210.37
　　　例：ナジタ・テツオ『原敬：政治技術の巨匠』読売新聞社　312.1
　　　例：原奎一郎『ふだん着の原敬』毎日新聞社　289.1

280.2　墓誌．墓銘　and　281.02　忌辰録．墓誌
　形式区分 -02 が合成された分類項目であるが，形式区分の
意味の限定・変更がなされているため，地域を問わない場

（280.2）および日本（281.02）以外には使用しない。

290　地理．地誌．紀行

　地理学・人文地理学・地誌学（290）と各国・各地域の地理・地誌・紀行（291／297）から構成されている。

※　自然地理は，地球科学．地学（450）の下に収める。

※　政治地理（312.9）などの特定主題のものは，各主題の下に収める。

　　　例：船橋洋一『21世紀地政学入門』文藝春秋　312.9

290　地理．地誌．紀行　vs.　302　政治・経済・社会・文化事情

　紀行（旅行記，見聞記，印象記，滞在記など）のうち，政治・経済・社会・文化事情を主としたものは，302の下に収める。判断に迷う場合は，290を優先する。

　　　例：スノウ，E.『今日の中国』筑摩書房　302.22

　なお，美術紀行など特定主題に対する調査視察記は，その主題の下に収める。

　　　例：原田淑人『中国考古学の旅』毎日新聞社　222.0025

29△087　写真集　vs.　748　写真集

　その国・地域を写真という手段を用いて紹介している写真集は，29△087に収める。芸術的な写真作品を集めた写真集は，748に収める。

　　　例：松崎久写真，松崎博子文『私のイタリア』松崎久　293.7087

　　　例：内山晟『イタリアの印象：内山晟写真集』考古堂書店　748

2章　細目表………117

29△09　紀行　vs.　9□5　日記．書簡．紀行

　文学者による紀行文（旅行記，見聞記，印象記，滞在記など）は，文学作品として9□5に収め，それ以外の著者による紀行文を29△09に収める。

　　　例：伝統的町並み研究会編著『一度は歩きたい！日本の町並み』
　　　　　洋泉社　291.09

　　　例：亀井勝一郎『中国の旅』講談社　915.6

29△091　探検記　vs.　402.9　科学探検・調査　vs.　462　生物地理．生物誌

　一般的な科学探検・調査報告は，402.9の下に収め，特定主題に関する探検・調査報告は，その主題に収める。人文・自然両面にわたる調査や探検の一般的な読みものは，29△091に収める。博物誌，自然誌は462の下に収める。

　　　例：ダーウィン，C. R.『新訳ビーグル号航海記』平凡社　402.96

　　　例：庫本正『洞くつの世界大探検：でき方・地形から生き物・
　　　　　歴史まで』PHP研究所　454.66

　　　例：関野吉晴『グレートジャーニー探検記』徳間書店　290.91

　　　例：万波健彦『里山の博物誌』万波さんの同好の士　462.1

　なお，海洋の探検記は，299の下に収める。

　　　例：ヘイエルダール，T.『コン・ティキ号探検記』筑摩書房　299.1

29△093　案内記

　主題分野を特定できるものに関する案内・ガイドは，その主題を優先する。

　　　例：『にっぽん全国盛り場ガイド』壱番館書房　673.9

　　　例：『全国ビジネスホテルガイド』実業之日本社　689.81

例：『東京ディズニーリゾートホテルガイドブック』講談社
　　689.813

例：『ゴルフ場ガイド』ゴルフダイジェスト社　783.8

例：『ニッポンのゲレンデ：全国スキー場455エリア完全ガイ
　　ド』実業之日本社　784.3

例：『東京湾の釣り場ガイド：富津〜観音崎』海悠出版　787.13

29△093　案内記　vs.　786.3　キャンピング．ホステリング

例：『全国キャンプ場ガイド』昭文社　291.093

例：『関東・甲信越キャンプ場ガイド』山と渓谷社　786.3

29△093　案内記　vs.　673.97　飲食店：食堂，レストラン

例：『パンもおいしいレストランガイド』日経BP社　291.093

例：『ミシュランガイド東京』日本ミシュランタイヤ　673.97

**29△093　案内記　vs.　629.4　自然公園．国立・国定・公立
公園**

個々の公園の案内記は，29△093に収める。

例：『阿寒国立公園地帯案内図』北海道林業会釧路支会
　　291.1093

例：加藤峰夫監修『日本の国立公園まるわかり事典』PHP研
　　究所　629.41

2.4 ｜ 3類

　3類は，人間の社会生活に関わる諸現象を扱う総記（300
／308），政治（310／319），法律（320／329），経済（330／

339)，財政（340／349），統計（350／358），社会（360／369），教育（370／379），民俗・民族（380／389）の社会科学の諸分野および国防・軍事（390／399）から構成されている。

経済に連なる生産・流通の産業は，技術（5類），産業（6類）に分類項目が分散している。ただし，このうち生産管理（509.6）および営業管理（673／676）は，336.6／.7 の別法が用意されている。

理論的研究と歴史的研究が多いところから，形式区分の－01 と －02 の短縮形が多くの箇所で採用されているので，必ず細目表を確認することが必要である。

302　政治・経済・社会・文化事情　vs.　304　論文集. 評論集. 講演集

評論的なものは，特定地域を対象としたものでも 304 に収める。

例：大原一三『落日の日本』エール出版社　304

302　政治・経済・社会・文化事情　vs.　361.42　地方性. 国民性. 民族性　vs.　361.5　文化. 文化社会学

特定の国や地域の社会事情や文化，国民性に関する著作は，302 の下に収める。社会学の観点から文化について概念的に述べた著作は，361.5 に収める。同じく，国民性について述べた著作は，361.42 に収める。

例：杉田米行『アメリカ合衆国がよ～くわかる本：歴史，民族，政治，社会の実態が見える！：ポケット図解』秀和システム　302.53

例：南川文里『アメリカ多文化社会論：「多からなる一」の系
　　譜と現在』法律文化社　361.5

例：Engel, D. W.『とことん知りたいアメリカ人』新潮社　361.42

309.1　自由主義．民主主義　vs.　311.7　民主主義　vs. 313.7　民主制：共和制，議会政治

　社会思想としての民主主義に関する著作は，309.1 に収める。
政治思想としての民主主義に関する著作は，311.7 に収める。
民主主義という政治体制に関する著作は，313.7 に収める。

例：矢島杜夫『民主主義と「知の支配」』御茶の水書房　309.1

例：宇野重規『民主主義のつくり方』筑摩書房　311.7

例：待鳥聡史『代議制民主主義：「民意」と「政治家」を問い
　　直す』中央公論新社　313.7

　ただし，特定の国における民主主義は，312.1／.7 の下に
収める。

例：榎澤幸広，奥田喜道，飯島滋明編著『これでいいのか！
　　日本の民主主義：失言・名言から読み解く憲法』現代人
　　文社　312.1

310.4　政治論集．政治評論集．政治演説・講演集

　政治に関する内容の演説集，論文集，政治評論（現実政治
に対する政治的主張およびその主張に基づく評論）は，特定
地域や国を対象としたものでも，ここに収める。

例：『E. ケネディ演説集：アメリカの課題と挑戦』世界日報社
　　310.4

　ただし，歴史的なものは，歴史の下に収める。

例：『リンカーン演説集』岩波書店　253.06

312　政治史・事情　vs.　200　歴史

一般政治史は，200 の下に収め，政治機構，制度など，特に政治的観点から扱った著作は，312 の下に収める。

> 例：五十嵐曉郎『日本政治論』岩波書店　312.1

317　行政　vs.　317.9　外国の中央行政

外国の中央行政は，317.2／.7 に関するものもすべて 317.9 の下に収める。

> 例：OECD 編著『世界の公務員の成果主義給与』明石書店　317.9
> 例：ポール，R.『国家を喰らう官僚たち：アメリカを乗っ取る新支配階級』新潮社　317.953

317.2　行政組織．行政機構

各省庁の機構，沿革，職員録など，行政組織に関するものは，317.21／.29 に収める。行政報告，白書，統計書など行政に関するものは，それぞれの主題の下に収める。新たな行政組織が新設された場合には，その上位の行政組織に収める。例えば，文部科学省の外局として 2015 年 10 月に発足したスポーツ庁は，317.27 に収める。同様に，防衛省の外局として 2015 年 10 月に発足した防衛装備庁は，317.291 に収める。

> 例：『労働省二十五年史』労働行政調査研究会　317.28
> 例：『労働行政要覧』日本労働協会　366.12

318　地方自治．地方行政　vs.　318.9　外国の地方行政

外国の地方行政は，318.1／.8 に関するものもすべて 318.9 の下に収める。

> 例：『諸外国の地方公務員の給与決定に関する調査研究会報告

書』自治総合センター　318.9

　　例：千草孝雄『アメリカの地方自治研究』志學社　318.953

318.12　区域：市町村の廃置分合・境界変更

市町村合併は，ここに収める。

　　例：『市町村合併：その功罪を考える』後藤・安田記念東京都
　　　　市研究所　318.12

319　外交．国際問題

2国間の外交関係は，まず主体となるほうの国（同等の場
合は記載順が早い国）で地理区分し，0（ゼロ）を置いて相
手国によって地理区分する。日本と外国との外交についても，
著者の視点によってどちらを主体としているかを判断する。

　　例：渡辺惣樹『アメリカの対日政策を読み解く』草思社
　　　　319.5301

　また，国のみでなく，国レベル以上の広域な地域も地理区
分の対象に含めてよい。

　　例：井尻秀憲『アジアの命運を握る日本』海竜社　319.102

319　外交．国際問題　vs．210.18　対外交渉史

日本の近現代の外交は，319の下に収め，近世以前の外交
を210.18に収める。

　　例：竹中豊晴『アジアの平和のために日本人が知っておくべ
　　　　きこと』幻冬舎メディアコンサルティング　319.1

　　例：田中健夫編『前近代の日本と東アジア』吉川弘文館　210.18

319　外交．国際問題　vs．221.01　通史：興亡史，文化史，

民族史，災異史，対外交渉史

　朝鮮の場合も細目表に対外交渉史の分類項目が用意されているので，近現代の外交は，319 の下に収め，近世以前の外交を 221.01 に収める。

　　例：具永禄『韓国と太陽政策』八千代出版　319.21

　　例：金学俊『独島（ドクト）研究：韓日間論争の分析を通じた韓国領有権の再確認』論創社　221.01

319　外交，国際問題　vs.　222.01　通史：興亡史，文化史，民族史，災異史，対外交渉史

　中国の場合も細目表に対外交渉史の分類項目が用意されているので，近現代の外交は，319 の下に収め，近世以前の外交を 222.01 に収める。

　　例：三船恵美『中国外交戦略：その根底にあるもの』講談社　319.22

　　例：夫馬進編『中国東アジア外交交流史の研究』京都大学学術出版会　222.01

320　法律　vs.　322.9　外国法

　外国の法律〈一般〉は，322.9 の下に収める。

　　例：北村一郎編『アクセスガイド外国法』東京大学出版会　322.9

　　例：丸田隆『現代アメリカ法入門：アメリカ法の考え方』日本評論社　322.953

320.34　法律用語

　NDC の相関索引で法律用語を検索すると 320.34 が示されている。この分類記号は，32（法律）＋ –034（形式区分：命

名法［命名規則］）が組み合わされたものである。形式区分
-034 は，NDC9 版において項目名が「用語研究. 術語論. 命
名法」から「命名法［命名規則］」に改められ，意味の限定
が明確となったのだが，それまでの分類実績から「法律用語」
に限り，特別にその意味を拡張して用いることを許容している。

320.9　法令集

　この分類項目は，いわゆる列挙項目なので，個々の法律の
法令集を表すために「09」を拡張使用しない

320.98　判例集

　この分類項目は，いわゆる列挙項目なので，個々の法律の
判例集を表すために「098」を拡張使用しない。

322　法制史

　近代より前の法制については，各法のものもここに収める。
ただし，古代から近代にわたる各法については，各法の下に
収める。

　　　例：大久保治男『江戸の刑法：御定書百箇条』高文堂出版社
　　　　　322.15

　　　例：高柳真三，石井良助編『御触書集成』岩波書店　322.15

　　　例：高橋芳郎『宋・清身分法の研究』北海道大学図書刊行会
　　　　　322.22

　　　例：原田慶吉『日本民法典の史的素描』創文社　324.02

　　　例：奥野彦六『日本法制史における不法行為法』創文社　324.55

　　　例：『旧琉球藩租税法』沖縄県租税課　322.1999

323.02 憲法史〈一般〉

国・地域を限定しない，あるいは多数国の憲法史は，323.02 に収める。

> 例：伊藤満『中南欧諸国の憲法』信山出版　323.02

323.9 行政法 vs. 323.99 外国の行政法

外国の行政法は，323.94／.97 に関するものもすべて 323.99 の下に収める。

> 例：佐藤立夫『イギリス行政訴訟法の研究』早稲田大学比較
>   法研究所　323.9933

324 民法．民事法 vs. 324.9 外国の民法

外国の民法は，324.1／.8 に関するものもすべて 324.9 の下に収める。

> 例：谷川久編『アジア諸国の契約法』アジア経済研究所　324.92

325 商法．商事法 vs. 325.9 外国の商法

外国の商法は，325.1／.8 に関するものもすべて 325.9 の下に収める。

> 例：谷川久編『アジア諸国の会社法』アジア経済研究所　325.92

326 刑法．刑事法 vs. 326.9 外国の刑法

外国の刑法は，326.1／.8 に関するものもすべて 326.9 の下に収める。

> 例：泉博編『諸外国の保安処分』日本評論社　326.9

326.8　刑事特別法［特別刑法］　vs.　［328］　諸法

　諸法は関連主題の下に収めるのが原則であるが，刑法（刑罰法規）の視点からみている場合は，326.8 の下の列挙項目を優先する。刑罰のみでなく，その法律全般についてならば，関連主題の下に収める。

　　　例：小林英明編著『企業犯罪の基礎知識』中央経済社　326.83

　　　例：斎藤明，廣瀬正志『租税刑事制裁の法理』中央経済社　326.88

　　　例：松尾直彦『金融商品取引法』商事法務　338.16

　　　例：『公職選挙法令集』第一法規　314.8

　　　例：團野博『麻薬・毒物・劇物取締法コンプリートガイド』
　　　　　ドーモ　498.12

　　　例：『交通事故の法律知識』自由国民社　681.3

327　司法. 訴訟手続法　vs.　327.9　外国の司法制度・訴訟制度

　外国の司法制度・訴訟制度は，327.1／.8 に関するものもすべて 327.9 の下に収める。

　　　例：中村義孝『概説フランスの裁判制度』阿吽社　327.935

327.03　書式集

　形式区分の -03 に対する意味の変更がなされた分類項目なので，「-03　参考図書」の下位区分である -031／-038 は，使用しない。

329.34　専門機関

　国連の専門機関は，ユネスコを除き一般には関連主題の下に収める。国連大学は，国連の調査および研修所に位置づけ

られる機関として，061 に収める。

331.3／.7　学派別　vs.　331.8　経済各論

331.81／.88 には，各々に関する包括的な著作・概論・歴史を収め，個々の経済学者の学説・体系を形成する著作は，331.3／.7 に収める。

> 例：中村達也『市場経済の理論』日本評論社　331.845

> 例：村岡俊三『マルクス世界市場論』新評論　331.6

331.86　国富．国民所得．国民経済計算［社会会計］．GNP．GDP

国民所得の理論は，ここに収める。国民所得統計書は，330.59 に収める。

> 例：鈴木諒一『国民所得の基礎理論』泉文堂　331.86

> 例：『国民所得統計』経済企画庁　330.59

331.87　消費．貯蓄．投資．奢侈．貧困　vs.　338.1　金融市場．資金　vs.　509.3　工業金融．工業資金．設備資金

設備投資の理論は，331.87 に収める。設備資金については，338.1 に収める。生産面への設備投資は，509.3 に収める。

> 例：『設備投資研究』日本開発銀行設備投資研究所　331.87

> 例：酒井守編著『設備資金の分析』銀行研修社　338.1

> 例：久保田政純，栗原雄二『設備投資計画の立て方・進め方：機械導入から店舗開設まで』日本実業出版社　509.3

332　経済史・事情．経済体制

形式区分を付加する場合，0 の重複が必要となる（.02／.07

を時代区分のための列挙項目として使用済みのため）。ただ
し，時代区分の後に形式区分を重ねる場合はその必要はない。

    例：『経済史辞典』は，332（経済史）＋ 0 ＋ 033（形式区分：
        辞典）→ 332.0033

333.1／.5　経済政策・理論　vs.　332　経済史・事情．経済体制

近代より前の経済理論は，332 の下に収める。

    例：本庄栄治郎『幕末の新政策』有斐閣　332.105

333.5　国土計画．地域計画［総合開発］　vs.　601　産業政策・行政．総合開発

333.5 には一般的なものを収め，各地の事情は 601 の下に
収める。

    例：石井一郎，元田良孝『地域計画』森北出版　333.5
    例：水島治郎，吉永明弘編『千葉市のまちづくりを語ろう』
        千葉日報社出版・メディアセンター　601.135

333.8　経済協力．経済援助

一国の経済援助に関する著作は，援助を行う国によって地
理区分する。

    例：山本剛士『日本の経済援助：その軌跡と現状』社会思想
        社　333.81

二国間および多数国の一国に対する経済援助に関する著作
は，援助を受ける国によって地理区分する。

    例：『日本の対ヴィエトナム開発協力：貧困削減を伴う広範な
        成長への支援』政策研究大学院大学開発フォーラム

333.8231

335　企業．経営　vs.　336.9　財務会計［企業会計］．会計学

　細目表の 335 の下に列挙されている各企業体の企業会計は，335 の下ではなく，336.9 の下に収める。

> 例：櫛部幸子『中小企業会計基準の課題と展望』同文舘出版
> 　　336.92
> 例：宮本幸平『非営利組織会計基準の統一』森山書店　336.9

336　経営管理　vs.　675　マーケティング

　CI：コーポレートアイデンティティー（会社の個性・目標の明確化と統一をはかり，社内外にこれを印象づけるための組織的活動）については，企業行動や経営理念などを企業内部で統一する視点からの著作は，336 の下に収め，外部に向けての視点からの著作は，675 の下に収める。観点の判断に迷う場合は，675 の下に収める。

> 例：横山正博『アイデンティティ経営論：豊かな成熟社会形
> 　　成のための企業のあり方』創成社　336
> 例：加藤邦宏『CI ってなに？：CI のことがわかる Q&A』オ
> 　　フィス 202 出版部　675

336.1　経営政策．経営計画　vs.　336.1019（336.1 ＋形式区分 -019　数学的・統計学的研究）

　「経営数学」や「経営統計」は，336.1 に収める。また，336.1 の下の「＊意思決定，オペレーションズリサーチは，ここに収める」という注記に従い，数学的・統計的手法を用いるオペレーションズリサーチについても，336.1019 とはせ

130………第Ⅲ部　NDCマニュアル

ず，336.1 に収める。

例：鳥居弘志『経営ビジネスのための数学入門』三恵社　336.1

336.57　事務の機械化．コンピュータシステム　vs.　509.6 生産管理．生産工学．管理工学

システム監査（企業などのコンピュータシステムの信頼性・安定性・効率性・有用性に対する監査）は，336.57 に収める。生産管理のシステムに限定されたシステム監査は，509.6 に収める。

例：島田裕次『よくわかるシステム監査の実務解説』同文舘出版　336.57

339.431　生命表　vs.　358　人口統計．国勢調査

国や地方自治体の作成する統計である生命表は，358 の下に収める。生命保険の視点からの生命表は，339.431 に収める。

例：厚生労働省大臣官房統計情報部編『市区町村別生命表』厚生労働統計協会　358.1

例：水島治夫『生命表の研究』生命保険文化研究所　339.431

343　財政政策．財務行政　vs.　342　財政史・事情

各国・各地域の財政政策・財務行政は，342 の下に収める。

例：林正寿『アメリカの税財政政策』税務経理協会　342.53

343.9　会計制度．官庁会計・簿記

官庁会計は，各省庁のものもここに収める。

例：『国土交通省会計実務要覧』ぎょうせい　343.9

344　予算．決算

予算・決算は，各省庁のものもここに収める。

> 例：建設財政研究会編『建設省補助金事務提要』大成出版社
> 344.1

345.3／.7　各種の租税　vs.　345.2　租税史・事情

各国・各地域の租税は，345.2 の下に収める。

> 例：奥村眞吾『住宅・土地税制がわかる本：長期優良住宅か
> ら省エネ改修税制まで：相続税・贈与税・各種優遇措置
> と住宅ローン減税のしくみ』PHP 研究所　345.21

345.1　租税政策・行政．税制改革　vs.　336.983　収得税：所得税，法人税

青色申告制度については，租税政策や税制としての理論のみを 345.1 に収め，申告のための税額計算およびその解説書は，336.983 に収める。

また，個人の申告納税・確定申告の制度は，345.1 に収め，申告のための税額計算およびその解説書は，336.983 に収める。

349.5　地方税．地方交付税　vs.　349.2　地方財政史・事情

各国・各地域の地方税は，349.2 の下に収める。

> 例：『英国地方税財政の改革について』自治体国際化協会
> 349.233

360　社会　vs.　362　社会史．社会体制　vs.　200　歴史　vs.　302　政治・経済・社会・文化事情

各国・各地域の社会問題〈一般〉は，360 に収め，地理区

分は付加しない。社会体制史，社会構造・組織史は，362 の
下に収める。一般社会史は，200 の下に収める。302（政治・
経済・社会・文化事情）の可能性も考慮する。

> 例：赤川学『社会問題の社会学』弘文堂　360

> 例：中川加奈子『ネパールでカーストを生きぬく』世界思想
> 社　362.2587

> 例：アレン，F. L.『二十世紀アメリカ社会史』角川書店
> 253.07

> 例：常松洋，松本悠子編『消費とアメリカ社会：消費大国の
> 社会史』山川出版社　302.53

362　社会史. 社会体制

形式区分を付加する場合，0 の重複が必要となる（.02／
.07 を時代区分および社会体制のための列挙項目として使用
済みのため）。ただし，時代区分の後に形式区分を重ねる場
合はその必要はない。

> 例：『社会体制史辞典』は，362（社会体制史）＋ 0 ＋ −033（形
> 式区分：辞典）→ 362.0033

365　生活・消費者問題　vs.　365.89　消費者問題苦情処理
機関

国民生活センターは，365.89 に収める。

> 例：『消費者行政体制の一層の強化について：「国民生活セン
> ターの在り方の見直しに係るタスクフォース」中間整理
> についての意見』消費者委員会　365.89

366.34　安全衛生　vs.　366.99　労働衛生. 産業衛生　vs.

2章　細目表⋯⋯⋯133

336.48　福利厚生．安全．衛生　vs.　509.8　工業災害．労働災害．工場安全　vs.　498.8　労働衛生．産業衛生

労働安全・衛生事情〈一般〉を扱った著作は，366.34 に収める。科学的見地による労働安全・衛生理論〈一般〉は，366.99 に収める。人事・労務管理の観点が強いものは，336.48 に収める。工業〈一般〉における労働環境の安全性について扱ったものは，509.8 に収める。医学的観点から扱ったものは，498.8 の下に収める。なお，労働安全衛生法は，366.34 に収める。だだし，工場に特化した内容が主であった場合は，509.8 に収める。

> 例：『安全衛生担当のてびき：基本と実践』中央労働災害防止協会　366.34

> 例：『衛生管理者の実務：能力向上教育用テキスト』中央労働災害防止協会　366.99

> 例：亀田高志『管理職のためのメンタルヘルス・マネジメント』労務行政　336.48

> 例：『ゼロ災手帳』中央労働災害防止協会　509.8

> 例：『衛生管理：第 1 種用：受験から実務まで』中央労働災害防止協会　498.8

366.6　労働組合．労働運動

細目表中に分類項目が用意されている教員組合（374.37）を除く労働組合・運動は，産業の区別なく，すべて 366.6 の下に収める。各産業における労働経済は，各産業の下に収める。

> 例：西巻敏雄『日本海上労働運動史』海文堂出版　366.629

> 例：『船員需給総合調査結果報告書』運輸省船員局　683.8

366.8　各種の労働・労働者（派遣労働）　vs.　673.93　リース業．人材派遣業．民営職業紹介所．警備保障業．結婚式場．葬儀場．貸会議場．興信所

人材派遣業の法令は，366.8 に収める。

> 例：経団連事務局編著『この 1 冊でわかる！2015 年改正派遣法解説』経団連出版　366.8

> 例：土岐優美『最新派遣業界の動向とカラクリがよ～くわかる本』秀和システム　673.93

367.1　女性．女性論　vs.　367.2　女性史・事情

女性政策論は，367.1 に収める。女性政策の歴史・事情は，367.2 の下に収める。

> 例：原伸子『ジェンダーの政治経済学：福祉国家・市場・家族』有斐閣　367.1

> 例：国際連合『世界の女性．2010』日本統計協会　367.2

367.68　青少年［若者．ヤングアダルト］

青少年［若者．ヤングアダルト］の年齢的目安は，中学生（13 歳）から高校生（18 歳）までとする。

369.3　災害．災害救助　vs.　518.87　防災計画

全般的な防災行政・防災計画は，369.3 の下に収める。都市計画の観点の防災計画は，518.87 に収める。

> 例：『足立区地域防災計画』足立区防災会議　369.3

> 例：『港区防災街づくり整備指針』港区街づくり支援部都市計画課　518.87

2章　細目表········135

369.75　司法福祉．更生保護　vs.　326.56　犯罪者予防更生．保護観察．更生保護

社会福祉の視点から行われる更生保護に関する著作は，369.75 に収める。更生保護法に基づく視点から行われる更生保護に関する著作は，326.56 に収める。

例：水野有香編『地域で支える出所者の住まいと仕事』法律文化社　369.75

例：松本勝編著『更生保護入門』成文堂　326.56

370　教育

現場教師によって書かれた教育体験記，実践記録は，それぞれの主題の下に収める。主題のない一般的な教育体験記は，370.4 に収める。

例：狩野忠志『ある社会科教師のあゆみ』宝文堂出版販売　375.313

例：氷上正『わたしの学校づくり』国土社　370.4

370　教育　vs.　376　幼児・初等・中等教育　vs.　377　大学．高等・専門教育．学術行政

学校名鑑，教育者人名録は，370.35 に収め，大学一覧は，377.035 に収める。個々の学校・大学（一学部に関するものを含む）の校誌，要覧，名簿などは，それぞれ 376／377 の下に収める。総合学院の場合は，その最高の組織の下に収める。

例：『逗子小学校創立 100 周年記念誌』逗子市立逗子小学校　376.28

例：『図書館短期大学史』図書館短期大学　377.3

例：『東京大学経済学部五十年史』東京大学出版会　377.28

例：『玉川学園五十年史』玉川学園　377.28

371.45　児童心理．児童研究

児童の年齢的目安は，小学生（12歳）までとする。

371.47　青年心理．青年研究

青年の年齢的目安は，中学生（13歳）から高校生（18歳）までとする。

372　教育史・事情　vs.　373.1　教育政策．教育制度．学校制度

各国・各地域の教育政策・制度，学校制度は，372.1／.7の下に収める。

> 例：日本教育制度学会編『現代教育制度改革への提言』東信堂　372.107

374.1　学級経営・編成．指導要録．成績管理　vs.　374.6　家庭と学校との関係：PTA，学校父母会，後援会，同窓会

学級通信は，学級経営上での家庭への連絡手段であるため，374.1の下に収める。

> 例：石川晋『学級通信を出しつづけるための10のコツと50のネタ』学事出版　374.1

374.1　学級経営・編成．指導要録．成績管理　vs.　375.18　特別活動：ホームルーム，クラブ活動，話し合い

学級指導，学級会は，375.18の下に収める。

> 例：宮川八岐『学級会で子どもを育てる：やき先生の特別活

動講座』文渓堂　375.182

380　風俗習慣．民俗学．民族学

　主に口承文芸を有力な手がかりとして，民間に伝承されて
きた風俗・風習などを調査・研究する欧米の民俗学と異なり，
日本の民俗学の研究事象は幅広く，民族学（文化人類学）と
重なる部分が多いことから，NDCでは両者を同格に扱って
いる。

390　国防．軍事　vs.　559　兵器．軍事工学

　ソフト面（戦略など）は，390の下に収める。ハード面
（軍事兵器・施設をつくる技術・工学的観点の著作）は，559
の下に収める。

　　例：林信吾，清谷信一『すぐわかる国防学』角川学芸出版　390

　　例：米空軍工科大学編著『国防のためのクリティカルテクノ
　　　　ロジー』ディフェンスリサーチセンター　559

391.2　戦史．戦記　vs.　396.3　陸戦．戦闘　vs.　397.3　海戦．海上作戦．船団護衛　vs.　398.3　空中戦．航空作戦　vs.　200　歴史

　抽象的な軍事理論的観点からの陸戦，海戦，空戦に関する
著作は，それぞれ396.3，397.3，398.3に収める。一方，具
体的に実際に行われた陸戦，海戦，空戦に関する軍事的見地
からの著作は，391.2の下に収める。一般的戦争史は，200
の下に収める。

　　例：毛利元貞『図解現代の陸戦』新紀元社　396.3

　　例：齋木伸生『世界の海戦史：洋上に轟く巨砲－戦艦たちの

138………第Ⅲ部　NDCマニュアル

時代』イカロス出版　391.2

例：ピムロット，J.『第2次世界大戦』河出書房新社　209.74

391.6　軍事情報．軍機保護．スパイ活動

　スパイ活動は，注記にあるようにスパイ活動の対象となる国・地域で地理区分する。スパイ活動を行う各国の諜報機関（例えば，アメリカ合衆国のCIAなど）に対しては，地理区分を付加しない。

例：ワイズ，D.『中国スパイ秘録：米中情報戦の真実』原書房　391.653

例：マゼッティ，M.『CIAの秘密戦争：「テロとの戦い」の知られざる内幕』早川書房　391.6

393　国防政策・行政・法令　vs.　392　国防史・事情．軍事史・事情

　各国・各地域の国防政策・行政は，392の下に収める。

例：谷内正太郎編『〈論集〉日本の安全保障と防衛政策』ウェッジ　392.1076

2.5　4類

　4類は，自然界に生ずる諸現象についての科学の部門であり，理論・原理およびその実証・実験的なものを主体としている。自然科学総記（400／408）に続き，数・量および空間などを研究対象とし，一般に自然科学とは区別される数学（410／419）が，科学の原理解明の重要な方法であるとの理由から最初に配置され，物理学（420／429），化学（430／

439），天文学（440／449），地学（450／459），生物学（460
／489）および人体の構造や機能を基礎に病気の治療にあた
る，応用科学である医学（490／498）ならびに薬学（499）
から構成されている。

　なお，生物学は，その下位区分である植物学（470／479）
と動物学（480／489）が同じ第2次区分で並べられ（縮約項
目），生物学の最後に人類学（469）が配置されている。

402　科学史・事情　vs.　502　技術史. 工学史

　科学技術の両面にわたる歴史は，402 の下に収める。

> 例：フォーブス，R. J.，ディクステルホイス，E. J.『科学と技
> 術の歴史』みすず書房　402.3

402.9　科学探検・調査　vs.　290　地理. 地誌. 紀行　vs.　462　生物地理. 生物誌

　（自然）科学探検・調査の報告書などは，402.9 に収める。
内容が人文・自然両面にわたる著作は，290 の下に収める。
博物誌，自然誌は，462 の下に収める。

450.98　自然災害誌，451.98　気象災害誌，453.2　地震誌，517.4　洪水. 水害誌　vs.　369.3　災害. 災害救助　vs.　210.17　災異史

　包括的な自然現象を主因とする災害の記録は，450.98 の下
に，気象現象を主因とする災害の記録は，451.98 の下に，地
震を主因とする災害の記録は，453.2 の下に，洪水や津波を
主因とする災害の記録は，517.4 の下に収める。災害救助や
社会的対策に関する著作は，369.3 の下に収める（2 類にお

いて通史の下に災異史のための分類項目が用意されている，
日本と朝鮮と中国の通史としての災異史は，それぞれ 210.17
と 221.01 と 222.01 に収める）。

> 例：萩原幸男監修『日本の自然災害：世界の大自然災害も収
> 録：1995～2009』日本専門図書出版　450.98

> 例：土屋巌『自然改造の報復：気候と災害』日本経済新聞社
> 451.98

> 例：『新潟の地震』新潟県高等学校教育研究会理科部会
> 453.2141

> 例：『全国の浸水実績図』日本河川協会　517.4021

> 例：山村武彦『スマート防災：災害から命を守る準備と行動』
> ぎょうせい　369.3

> 例：磯田道史『天災から日本史を読みなおす：先人に学ぶ防
> 災』中央公論新社　210.17

> 例：鄧雲特『支那救荒史』生活社　222.01

462　生物地理．生物誌

　注記にある博物誌，自然誌は，動植物の範疇を超えるもの
であるが，ここに収めることを原則とし，402.9 に収める取
り扱いを別法とした。

464　生化学　vs.　491.4　生化学

　生物科学の観点からの生化学は，464 の下に収め，医学の
観点からの生化学は，491.4 の下に収める。

> 例：亀井碩哉『ひとりでマスターする生化学』講談社　464

> 例：古川覚『ヘルシーライフのためのバイオサイエンス入門』
> サンウェイ出版　491.4

2章　細目表………141

471.72／.78　高山植物／寒帯植物　vs.　472　植物地理. 植物誌

一地域のものも 472 の下ではなく，471.72／.78 に収める。

　　例：梅沢俊『北海道の高山植物』北海道新聞社　471.72

481.1　動物形態学. 動物解剖学　vs.　649.1　獣医解剖学・組織学・発生学

動物学の観点からの動物〈一般〉の解剖学は，481.1 に収め，獣医学の観点からの動物〈一般〉の解剖学は，649.1 に収める。

　　例：尼﨑肇編著『動物解剖学ノート』講談社　481.1

　　例：江本修『家畜病理解剖学』金原出版　649.1

481.72／.76　海洋動物／陸棲動物　vs.　482　動物地理. 動物誌

一地域のものも 482 の下ではなく，481.72／.76 に収める。

　　例：小林安雅『海の生き物』誠文堂新光社　481.72

　　例：『神奈川県内河川の底生動物』神奈川県環境科学センター
　　　　481.75

491.65　腫瘍. 癌　vs.　492.3　化学療法. 薬物療法　vs. 494.53　化学療法

癌〈一般〉は，491.65 に収める。癌の治療法としての化学療法は 494.53 に収める。化学療法〈一般〉は，492.3 に収める。各器官の癌の治療法は，各部位の下に収める。

　　例：斉藤達雄『ガンの化学療法：薬でガンはここまで治る』
　　　　自由国民社　494.53

　　例：栗原稔，中島聡総『胃癌の化学療法』新興医学出版社

493.455

492.4　放射線医学　vs.　492.48　アイソトープ

　アイソトープ（放射性同位元素）のみではなく X 線やラジウムをも使用した診断・治療は，492.4 に収める。アイソトープを使用した診断・治療は，492.48 に収める。

　　　例：熊谷孝三編著『放射線治療技術学』オーム社　492.4

　　　例：利波紀久，中嶋憲一編『アイソトープ診療ハンドブック：
　　　　　基礎・管理・診療・看護の実際』エルゼビア・ジャパン
　　　　　492.48

492.4　放射線医学　vs.　494.54　放射線療法

　放射線療法〈一般〉は，492.4 に収め，癌の治療法としての放射線療法は 494.54 に収める。

　　　例：熊谷孝三『がんの放射線療法』PILAR PRESS　494.54

492.75　あんま．指圧療法．鍼灸　vs.　492.79　民間療法：触手療法

　整体術など，一定の資格を持って行う療法は，492.75 に収める。資格を問わずに行われる療法は，492.79 に収める。

　　　例：竹村文近『鍼灸：本当に学ぶと云うこと』医道の日本社
　　　　　492.75

　　　例：松久正『首の後ろを押すだけで元気になる！』宝島社
　　　　　492.79

2章　細目表………143

493.7　神経科学．精神医学　vs.　146.8　カウンセリング．精神療法［心理療法］

　医学としての精神療法は，493.7 の下に収める。主に臨床心理士が担うような療法は，146.8 の下に収める。

　　　例：ウリ，J.『精神医学と制度精神療法』春秋社　493.7

　　　例：及川卓『ジェンダーとセックス：精神療法とカウンセリングの現場から』弘文堂　146.8

493.77　知的障害［精神遅滞］　vs.　145.8　知能の異常

　精神医学視点から記述された著作は，493.77 に収める。心理学の視点から記述された著作は，145.8 に収める。

　　　例：栗田広編『精神遅滞の精神医学』ライフ・サイエンス　493.77

　　　例：田中真理「関係のなかで開かれる知的障害児・者の内的世界』ナカニシヤ出版　145.8

497.11　口腔解剖学　vs.　491.143　口．舌．歯．口蓋．唇

　歯科学の視点から記述された口腔解剖学は，497.11 に収める。基礎医学の視点（人体の解剖の一部分としての）からの場合は，491.143 に収める。

　　　例：酒井琢朗，高橋和人『口腔解剖』医歯薬出版　497.11

　　　例：ノートン，N. S.『ネッター頭頸部・口腔顎顔面の臨床解剖学アトラス』医歯薬出版　491.143

497.13　口腔生理学　vs.　491.343　口．歯．唾液腺．そしゃく

　歯科学の視点から記述された口腔生理学は，497.13 に収める。基礎医学の視点からの場合は，491.343 に収める。

　　　例：竹内宏『簡明口腔生理学』永末書店　497.13

例：浅沼直和ほか『ビジュアル口腔生理学』学建書院　491.343

2.6 5類

　5類は，総記（500／508）に続き，応用科学としての技術・工学（510／589）およびこの分野の範疇に入らないが，生活の技術ととらえた家政学．生活科学（590／599）から構成されている。

　固有補助表「各種の技術・工学における経済的，経営的観点の細区分表」を用いることで，その技術・工学の生産・流通経済，いわゆる第二次産業（第一次産業の採鉱技術を含め）をも表現できるように構成されている。

509　工業．工業経済

　プラント工業およびプラント輸出は，509に収める。

　　　例：『日揮プラント・エンジニアリング・ガイドブック』日揮
　　　　　管理本部人事部　509

〈510／580　各種の技術・工学〉（各種の技術・工学における経済的，経営的観点の細区分表）

　各種の技術・工学の分類項目に産業の意味を付加する場合に適用する。ただし，産業を意味する分類項目が細目表に用意されている場合には，意味の重複になることから，固有補助表は使用せず，細目表の分類項目をそのまま用いる。

　　　例：578　高分子化学工業

以下，各種の技術・工学における経済的，経営的観点の細区分表の各記号について説明する。

-09　経済的・経営的観点

各技術・工学に基づく工業・産業について論じている著作に適用する。

> 例：山岡淳一郎『ものづくり最後の砦：航空機クラスターに賭ける』日本実業出版社　538.09

-091　政策．行政．法令

各工業・産業に対する政策・行政を論じた著作および法令に関する著作に適用する。

> 例：井上国博，三村大介『イラスト図解建築法規』オーム社　520.91

-092　歴史・事情

各工業・産業の歴史的経緯や現状，さらに必要に応じて地理区分を付加し，特定地域におけるその工業・産業の過去の記録や現状について論じている著作に適用する。

> 例：『日本自動車産業史』日本自動車工業会　537.0921

-093　金融．市場．生産費

各工業・産業の金融，市場，生産費および財政や投資といった，いわゆる経済について論じている著作に適用する。

なお，各工業・産業の生産管理論には，-095 を適用する。

> 例：大谷淳一編著『食品会社の生産管理システム』幸書房　588.095

-095　経営．会計

各工業・産業の経営・会計（例えば，財務会計）について論じている著作に適用する。原則として，細目表の「336　経

営管理」の下に位置づけられる主題に適用される。したがって，各工業・産業の人事［労務］管理には，–095 を適用する。

> 例:『社員が元気になる！建設人事読本』日本コンサルタントグループ　510.95

–096　労働

原則として，細目表の「366　労働経済．労働問題」の下に位置づけられる主題に適用する。

> 例：日本弁護士連合会編『検証原発労働』岩波書店　543.5096

515　橋梁工学　vs.　514.7　地下道．高架道路［歩道橋］

道路として用いられる通常の道路橋は，515 に収める。歩道橋は，歩行者のための道路として捉え，514.7 に収める。

> 例:『道路橋示方書・同解説』日本道路協会　515

> 例：日本鋼構造協会編『これからの歩道橋』技報堂出版　514.7

518.8　都市計画　vs.　518.87　防災計画

震災復興計画は，防災計画の範囲（例：建物の倒壊・延焼，津波・浸水などへの事前対応並びに事後の検証）であれば，518.87 に収めるが，街区の編成なども含むより包括的な計画に関わる場合は，518.8 に収める。

> 例:『福島県復興計画（第3次）』福島県企画調整部復興・総合計画課　518.8

> 例:『東日本大震災からの多重防御によるまちづくり』宮城県　518.87

520　建築学　vs.　520.79　建築士試験

「建築士論」など，建築士やその業務に関する著作は，520に収める。建築士資格試験に関する著作や問題集は，520.79に収める。

> 例：『建築士業務の責任と処分』大成出版社　520

> 例：建築資格試験研究会編著『スタンダード一級建築士』学芸出版社　520.79

521／523　様式別の建築　vs.　526／527　各種の建築

建築の歴史，様式およびそれらの事例を示す図集は，521／523に収め，現代の各種建築の建築計画，参考事例などについては，526／527に収める。歴史的な建造物（近代のものであっても，文化財として扱われる建造物を含む）は，521／523に収める。

> 例：『写真集成近代日本の建築』ゆまに書房　521.6

> 例：五十嵐太郎ほか『高層建築が一番わかる：建設・保守・解体を基礎から学べる』技術評論社　526.9

521.2／.6　各時代　vs.　521.8　各種の日本建築. 国宝・重要文化財の建造物

歴史上の個々の日本建築並びに一定の類型をもつ日本建築の集まりは，521.2／.6（各時代）には収めず，521.8（各種の日本建築. 国宝・重要文化財の建造物）の下に収める。

> 例：山田雅夫『絵解きでわかる世界遺産西本願寺の魅力』本願寺出版社　521.818

> 例：熊本日日新聞社編集局『熊本城のかたち：石垣から天守閣まで』弦書房　521.823

例：石元泰博『桂離宮』六耀社　521.853

521.863　茶室　vs.　527　住宅建築　vs.　791.6　茶室．茶
　　　　庭．茶花
　歴史上の茶室は，521.863 に収める。現代の茶室の設計・
建築技法は，527 に収める。茶道の観点からとらえた茶室は，
791.6 に収める。

　　例：中村昌生『古典に学ぶ茶室の設計：中村昌生が語る建築
　　　　講座』エクスナレッジ　521.863
　　例：岡本浩一，飯島照仁『茶室手づくりハンドブック』淡交
　　　　社　527
　　例：前久夫『すぐわかる茶室の見かた』東京美術　791.6

523　西洋の建築．その他の様式の建築
　形式区分および固有補助表，-087（建築図集）を付加する
場合，0 の重複が必要となる（.02／.07[2)] を時代区分のための
列挙項目として使用済みのため）。ただし，時代区分の後に
形式区分，固有補助表を重ねる場合はその必要はない。

　　例：『西洋建築事典』は，523（西洋の建築）＋ 0 ＋ -033（形
　　　　式区分：辞典）→ 523.0033
　　例：『西洋建築圖集』建築画報社は，523（西洋の建築）＋ 0 ＋
　　　　-087（固有補助表：建築図集）→ 523.0087

524.9　防災構造
　土木工学〈一般〉の防災構造は，524.9 の下に収める。各
種の土木構造物の防災構造は，各種の土木工学の下に収める。

　　例：大原資生『最新耐震工学』森北出版　524.91

例：Priestley，M. J. N. ほか『橋梁の耐震設計と耐震補強』技
報堂出版　515.1

527.2／.6　住宅の各部分　vs.　527.7／.9　各種の住宅

住宅の種類である 527.7／.9 が優先される。したがって，
「アパートの玄関の建築」は，527.2（玄関）ではなく，527.8
（アパート）を選択する。

528.43　電気設備　vs.　544.49　電力設備

建築設備としての電気設備は，528.43 に収める。電気設備
〈一般〉，および建築設備であっても電力会社が維持管理する
電気設備[3] は，544.49 に収める。

例：公共建築協会編『公共建築設備工事標準図：電気設備工
事編』建設電気技術協会　528.43

例：経済産業省商務流通保安グループ編『解説電気設備の技
術基準』文一総合出版　544.49

547.464　電話機器　vs.　547.62　移動無線：航空機局，車両局，船舶局　vs.　694.6　電話

携帯電話やスマートフォンについては，機器の構造・製造
などの工学的観点による著作は，547.464 に収め，通信技術
に観点が限定されている場合は，547.62 に収める。産業・サー
ビスの観点による著作および個々の機種の使用法解説などで
は，694.6 に収める（スマートフォンのアプリの扱いは，694.6 を
参照）。

例：菱沼千明『電話機のすべて』電波新聞社　547.464

例：『モバイルネットワーク』共立出版　547.62

例：『iPhone 6s 究極の快適設定』宝島社　694.6

559.22　誘導弾．ロケット弾　vs.　559.5　航空兵器．誘導ミサイル・ロケット兵器

砲弾としてのミサイル・ロケット（構造および理論）は，559.22 に収める。兵器・戦術体系の一種としてのミサイル・ロケット兵器〈一般〉は，559.5 に収める。

> 例：防衛技術ジャーナル編集部編『ミサイル技術のすべて』防衛技術協会　559.5
> 例：かのよしのり『ミサイルの科学：現代戦に不可欠な誘導弾の秘密に迫る』SB クリエイティブ　559.5

579.97　微生物・酵素の高度利用　vs.　588.51　醸造学．発酵．工業微生物学

工業微生物学〈一般〉は，579.97 に収め，食品工学の醸造，発酵における微生物の利用については，588.51 の下に収める。

> 例：塚越規弘編『応用微生物学』朝倉書店　579.97
> 例：『食品加工における微生物・酵素の利用．新食品編』缶詰技術研究会　588.51

589.21　衣服　vs.　589.218／.219　特定素材の衣服

特定素材の衣服である 589.218／.219 が優先される。したがって，「毛皮の婦人服」は，589.215（婦人服）ではなく，589.219（毛皮服）を選択する。

591　家庭経済・経営　vs.　591.8　家計．家計簿記

家庭経営・家庭経済の財務管理（家計：一家の収入と支出

＝生計費・家計費）に関するものは，591.8 に収める。生活設
計など，家計を含めたより広い概念の場合は，591 に収める。

> 例：柳田直美『マンガでわかる家計簿はじめて物語』主婦の
> 友社　591.8

> 例：読売新聞生活情報部『家計ナビ：自分のお金いま，どう
> する？』青萠堂　591

591.6　集合住宅．団地生活．アパート　vs.　365.35　集合住宅：公団住宅，公営住宅，団地，アパート，マンション

一般的には，365.35 に収める。家政学，生活科学の観点が
明確な場合は，591.6 に収める。

> 例：米山秀隆『限界マンション：次に来る空き家問題』日本
> 経済新聞出版社　365.35

591.7　下宿　vs.　365.37　貸間．下宿

一般的には，365.37 に収める。家政学，生活科学の観点が
明確な場合は，591.7 に収める。

> 例：高橋幹夫『下宿屋という近代』住宅総合研究財団　365.37

592.2　家庭物理　vs.　420　物理学

家庭で直接役立つ物理知識・技術は，592.2 に収める。

> 例：橋本尚『科学常識の盲点：暮らしの中の物理より』講談
> 社　592.2

592.3　家庭化学　vs.　430　化学

家庭で直接役立つ化学知識・技術は，592.3 に収める。

> 例：山崎昶『家庭の化学：古今東西，暮らしのサイエンス』

平凡社　592.3

596.1　食品栄養　vs.　498.5　食品. 栄養

「＊一般には 498.5 に収める」という注記に従い，家政学，生活科学の観点が強調されている場合のみ，596.1 に収める。

　　　例：上村泰子『キッチン栄養学：食べる健康法　からだにいい食品 145』高橋書店　596.1

596.3　材料別による料理法：卵料理，漬物，嘗物　vs. 596.37　野菜料理

梅干しは，596.3 に収める。

　　　例：『すごい梅干し効くレシピ：ダイエット，美肌，美腸，アンチエイジング…』主婦の友社　596.3

2.7 6類

　6 類は，総記（600／608）に続き，鉱業を除く第一次産業の農林水産業（610／669）および第三次産業の商業（670／678），運輸. 交通（680／689），通信事業（690／699）から構成されている。

　なお，産業（600）は，5 類の第二次産業を含めた産業全般の総記である。したがって，農林水産業の総記は，農業（610）が兼ねる構成となっている。

　　　例：農林水産省経済局統計情報部編『農林水産累年統計』全国農林統計協会連合会　610.59

2章　細目表………153

611　農業経済・行政・経営　vs.　612　農業史・事情

近代以降の一地域の農業経済全般を扱った著作は，611の下に収め，形式区分 –02 を使用した，原則どおりの地理区分を付加する。近世以前の農業経済・行政・経営は，611.2／.29 と 611.39 を除き 612 の下に収める。

> 例：農政史研究会編『戦後北海道農政史』農山漁村文化協会
> 　　611.10211

> 例：岡光夫『幕藩体制下の小農経済』法政大学出版局　612.1

611.4　農産物．農産物市場

個々の農産物は，それぞれの下に収める。なお，611.4 の「農産物市場（ノウサンブツシジョウ）」が農産物に関する取引一般を指すのに対し，611.46（農産物取引・市場）の「農産物市場（ノウサンブツイチバ）」は，取引の場としての市場（イチバ）そのものを指す。

> 例：『「茶」市場の徹底研究』矢野経済研究所　619.8

> 例：『本邦に於ける棉花の需給』東亜経済調査局　586.23

> 例：藤島廣二ほか『現代の農産物流通』全国農業改良普及支援協会　611.4

> 例：美土路知之ほか編著『食料・農業市場研究の到達点と展望』筑摩書房　611.46

611.82　農家経済調査

611.82 には方法のみを収め，調査結果は，611.8（農家経済）に収める。

> 例：『農家経済調査マニュアル集成』一橋大学経済研究所附属社会科学統計情報研究センター　611.82

例：農林省編『農家経済調査報告』農林統計協会　611.8

613.58　土壌分析．土壌試験．土性調査　vs.　613.59　各地の土壌．土性図

613.58 には方法のみを収め，分析・調査結果は613.59 に収める。

例：松尾嘉郎『土壌分析におけるサンプリング』講談社　613.58

例：『土壌調査報告』北海道農業試験場　613.5911

615　作物栽培．作物学　vs.　616　食用作物　vs.　619　農産物製造・加工

食用作物一般の育種，栽培，病害虫，収穫は，615 の下に収め，個々の食用作物の育種，栽培，病害虫，収穫は，616の下に収める。ただし，食用作物の加工は，619 の下に収める。

例：渡部忠世ほか『食用作物学概論』農山漁村文化協会　615

例：仲野博之『トウモロコシ』家の光協会　616.61

例：幕内秀夫，神みよ子監修『すがたをかえる米・麦』学習研究社　619

621　園芸経済・行政・経営　vs.　622　園芸史・事情

近代以降の一地域の園芸経済全般を扱った著作は，621 の下に収め，形式区分 -02 を使用した，原則どおりの地理区分を付加する。近世以前の園芸経済・行政・経営は，622 の下に収める。

例：森静雄『紀州の園芸』森静雄　621.02166

例：青木宏一郎『江戸の園芸：自然と行楽文化』筑摩書房　622.1

2章　細目表………155

625／627　各種の園芸　vs.　628　園芸利用

　個々の園芸作物の育種，栽培，病害虫，収穫は，625／627の下に収める。ただし，園芸作物の加工は，628の下に収める。

　　　　例：塩崎雄之輔『図解リンゴの整枝せん定と栽培』農山漁村
　　　　　　文化協会　625.21

　　　　例：幕内秀夫，神みよ子監修『すがたをかえる果実・種実』
　　　　　　学習研究社　628

631　蚕糸経済・行政・経営　vs.　632　蚕糸業史・事情

　近代以降の一地域の蚕糸経済全般を扱った著作は，631の下に収め，形式区分 -02 を使用した，原則どおりの地理区分を付加する。近世以前の蚕糸経済・行政・経営は，632の下に収める。

　　　　例：五十嵐友幸『日本蚕糸業の再編成』ダイヤモンド社　631.021

641　畜産経済・行政・経営　vs.　642　畜産史・事情

　近代以降の一地域の畜産経済全般を扱った著作は，641の下に収め，形式区分 -02 を使用した，原則どおりの地理区分を付加する。近世以前の畜産経済・行政・経営は，642の下に収める。

　　　　例：宮崎宏『日本型畜産の新方向』家の光協会　641.021

645／646　家畜．畜産動物．愛玩動物／家禽　vs.　648　畜産製造．畜産物

　個々の家畜・家禽の育種，繁殖，飼料，病気と手当は，645／646の下に収める。ただし，その加工は，648の下に収める。

例：新城敏晴『壊死桿菌と牛の肝膿瘍』大阪公立大学共同出版会　645.36

例：村田栄一文『おいしいハムをさあどうぞ：肉の加工と流通』PHP 研究所　648.24

651　林業経済・行政・経営　vs.　652　森林史．林業史・事情

　近代以降の一地域の林業経済全般を扱った著作は，651 の下に収め，形式区分 -02 を使用した，原則どおりの地理区分を付加する。近世以前の林業経済・行政・経営は，651.15 と 651.2 を除き 652 の下に収める。

例：千葉県農林部林務課編『千葉県林政のあゆみ』千葉県　651.102135

例：狩野亨二『江戸時代の林業思想研究』日本林業調査会　652.1

653.9　保安林．防災林　vs.　656.5　森林治水．治山事業．砂防工学

　保安林・防災林は，造林・造成を問わず 653.9 に収める。

例：『津波被害軽減機能を考慮した海岸林造成の手引き：海岸林を造成・管理する実務者のために』森林総合研究所東北支所　653.9

658.4　木材繊維：パルプ，リグニン　vs.　585.3　製紙原料．パルプ．木材パルプ

　パルプ一般は，658.4 に収める。製紙原料としてのパルプは，585.3 に収める。

例：右田伸彦『木材パルプ』朝倉書店　658.4

例：Ward, K.『製紙用繊維の化学改質』中外産業調査会　585.3

659　狩猟　vs.　659.7　鳥獣保護・繁殖：禁猟，禁猟区

　狩猟に関する規定を含む現行法である鳥獣保護法（鳥獣の保護及び管理並びに狩猟の適正化に関する法律）は，659.7 に収める。旧来の狩猟法，狩猟法制一般は，659 に収める。

　　　例：鳥獣保護管理研究会編著『鳥獣保護法の解説』大成出版
　　　　　社　659.7

　　　例：林野庁編『新狩猟法の解説』日本林業協会　659

661　水産経済・行政・経営　vs.　662　水産業および漁業史・事情

　近代以降の一地域の水産経済全般を扱った著作は，661 の下に収め，形式区分 -02 を使用した，原則どおりの地理区分を付加する。近世以前の水産経済・行政・経営は，662 の下に収める。

　　　例：岩切成郎『東南アジアの漁業経済構造』三一書房　661.0223

　　　例：羽原又吉『日本古代漁業経済史』ジャパン・パブリッシャーズ　662.1

670.9　商業通信［ビジネスレター］．商業作文．商用語学

　貿易通信文などに代表される，ビジネスにおける取引先との通信文に関する著作を収める。会社内で必要とされるビジネス文書〈一般〉の場合には，336 の下に収める。

　　　例：畠山雄二『大人のためのビジネス英文法』くろしお出版
　　　　　336.07

673.58　個々の卸売店・問屋

　分類項目名の「個々の」とは，業種ではなく，特定の個別会社を指している。

　　　例：『新流通の創造：株式会社菱食社史』菱食　673.58

673.9　サービス産業

　「サービス産業」は広い概念であり，必ずしもすべての業種が 673.9 に集中できるわけではない。各主題の下に分類項目が用意されている各種のサービスに携わる産業については，相関索引も参考にしつつそれぞれの下に収める（例：観光事業の下の各種事業は，689 の下の各項目に収める）。細目表中に明確な位置づけがなされていない各種のサービス産業は，673.93 から 673.99 の下に収める。なお，673.94／.99 に含まれないサービス産業は，673.93 に収める。

　　　例：木村榮治『遺品整理士という仕事』平凡社　673.93

　　　例：『注目ヘルスサポート関連市場の現状と将来展望』富士経
　　　　　済　673.93

　　　例：高田幸枝『女性探偵が咲く』文芸社　673.93

678.2　貿易史・事情

　「2 国間の貿易は，地理区分のうえ 0 を付け，相手国によって地理区分」との注記が細目表中にあるので，相手国の地理区分とのバッティングを避けるため，形式区分を付加する場合には 0 を重ねる。

　　　例：『日本貿易史事典』は，678.2（貿易史）＋ –1（地理区分：
　　　　　日本）＋ 0 ＋ –033（形式区分：事典）→ 678.210033

　　　例：『日英貿易史』は，678.2（貿易史）＋ –1（地理区分：日本）

2章　細目表………**159**

＋ 0 ＋ 33（地理区分：英国）→ 678.21033

699.67　演劇・ドラマ番組．演芸・娯楽番組　vs.　778.8 テレビ演劇．放送劇

　演劇・ドラマを放送事業の観点から扱ったものは，699.67 に収める。演劇・ドラマの作品論や歴史など，芸術作品としての観点から扱ったものは，778.8 に収める。

　　　例：円谷プロダクション監修『ウルトラゾーンオフィシャル 完全ガイド』扶桑社　699.67

　　　例：白石雅彦『「ウルトラQ」の誕生』双葉社　778.8

2.8　7類

　7類は，芸術（700／779），スポーツ．体育（780／789）および諸芸．娯楽（790／799）から構成されている。

　芸術は，美術（710／759），音楽（760／768），舞踏．バレエ（769），演劇（770／777），映画（778），大衆演芸（779）から成り，芸術作品は，そこで扱われている主題に関係なく，その表現形式によって分類される。

　美術は，彫刻．オブジェ（710／719），絵画（720／727），書．書道（728），版画（730／737），印章．篆刻．印譜（739），写真（740／748），印刷（749），工芸（750／759）から成り，その表現形式に続き，様式や材料，技法などにより分類される。

702　芸術史．美術史
　形式区分および固有補助表，-087（美術図集）を付加する

場合，0 の重複が必要となる（.02／.07 を時代区分のための
列挙項目として使用済みのため）。ただし，時代区分の後に
形式区分，固有補助表を重ねる場合はその必要はない。

> 例：『美術史事典』は，702（美術史）＋ 0 ＋ −033（形式区分：
> 事典）→ 702.0033

> 例：『中世美術史事典』は，702.04（中世美術史）＋ −033（形
> 式区分：事典）→ 702.04033

> 例：『図録世界美術史』美術出版社は，702（美術史）＋ 0 ＋
> −087（固有補助表：美術図集）→ 702.0087

702.8　芸術家．美術家〈列伝〉

　芸術家個人の伝記は，研究・評論とともに各芸術史の下に
収める。個々の芸術家の作品全般を扱った著作（作品論）は，
その芸術家の伝記と同じ分類項目に収める。例えば，「彫刻
家運慶の作品論」は，木彫や仏像に彫刻の種類が限定できる
としても，運慶の伝記と同じ 712.1 に収める。

721.02　日本絵画史

　「＊ 702.1 のように区分　例：721.025 日本近世絵画史」と
いう注記は，日本芸術史・美術史（702.1）の下に列挙され
ている時代区分の部分のみを準用することを示している。
702.1 の下に列挙されているが，702.17（古社寺），702.19（日
本各地）は時代区分ではないので，注意が必要である。また，
明治以後の近代日本画史は，721.026 ではなく，721.9 に収め
る。

723　洋画

　形式区分および固有補助表，-087（美術図集）を付加する場合，0 の重複が必要となる（.02／.07 を時代区分のための列挙項目として使用済みのため）。ただし，時代区分の後に形式区分，固有補助表を重ねる場合はその必要はない。

　　　例：『西洋画事典』は，723（洋画）＋ 0 ＋ -033（形式区分：辞典）→ 723.0033

　　　例：国立西洋美術館編『国立西洋美術館名作選』西洋美術振興財団は，723 ＋ 0 ＋ -087（固有補助表：美術図集）→ 723.0087

723.02／.07（洋画 -- 時代区分）　vs.　723.1／.7（洋画 -- 地理区分）

　各国の洋画は，地理区分を優先する。国よりも広い地域単位の洋画は，時代区分を優先する。

　　　例：『日本の印象派：明治末・大正初期の油彩画』下関市立美術館　723.1

　　　例：高橋達史解説・監修『北方のマニエリスム画集』トレヴィル　723.05

728.8　書跡集. 法帖

　多数の書家の書跡集は，一国・一地方のものでもここに収める。

　　　例：北國新聞社出版局編『日本の名僧 100 人この一字』北國新聞社　728.8

751.1／.3　地域別の陶磁工芸

　陶磁器には，様式による区分ではなく，日本（.1），東洋

（.2）および西洋．その他（.3）という 3 区分から成る地域別の区分が設けられている。そのため，形式区分 –02 による地理区分は適用せず，–02 の下位区分である –028（形式区分：多数人の伝記）も付加しない。

762　音楽史．各国の音楽

形式区分を付加する場合，0 の重複が必要となる（.03／.07を時代区分のための列挙項目として使用済みのため）。ただし，時代区分の後に形式区分を重ねる場合はその必要はない。

> 例：『音楽史事典』は，762（音楽史）＋ 0 ＋ 033（形式区分：
> 辞典）→ 762.0033

762.8　音楽家〈列伝〉

各国の音楽家および個人の伝記は，原則として主な活動の場と認められる国，もしくは出身国により地理区分を付加し，762.1／.7 に収めるが，ジャズ演奏家，ロック演奏家は 764.7に，ジャズ歌手，ロック歌手，流行歌手は 767.8 に収める。また，邦楽家の伝記は 768 の下に収める。

764.7　軽音楽．ダンス音楽．ジャズ．ロック音楽　vs.
767.8　歌謡曲．流行歌．シャンソン．ジャズソング

ジャズ（音楽）は，764.7 に収め，ジャズボーカルは，767.8 に収める。

> 例：沖野修也『クラブ・ジャズ入門』リットーミュージック
> 764.7

> 例：松山祐士編著『ジャズ名曲集：新・女声三部コーラス』
> ドレミ楽譜出版社　767.8

2章　細目表‥‥‥‥ 163

769　舞踊．バレエ　vs．799　ダンス

　商業的な興業など観賞して楽しむ，あるいはそのために演じることを主としたものは，769 の下に収める。レクリエーションとして自分が踊って楽しむことを主としたものは，799 の下に収める。

> 例：原田広美『舞踏（BUTOH）大全：暗黒と光の王国』現代書館　769.1
>
> 例：林愛子，林田直樹『バレエ入門』ヤマハミュージックメディア　769.9
>
> 例：香瑠鼓『ダンスでコミュニケーション！』岩波書店　799

772.1／.7　（演劇史・事情 -- 地理区分）　vs．773　能楽．狂言　and　774　歌舞伎　and　777　人形劇

　各国の俳優および個人の伝記は，772.1／.8 に収めるが，日本の演劇人の伝記は，主な活躍の場が 773／774 および 777 に列挙された演劇の様式である場合には，773／774 および 777 の下に収める。

> 例：畠山義郎編著『川尻泰司：現代人形劇の鬼は秋田の血』ヒューマン・クラブ　777

786.5　サイクリング．自転車競技　vs．788.6　競輪

　レクリエーションの範疇の自転車競技は，786.5 に収め，競輪に代表される商業的な興行としての自転車競技は，788.6 に収める。

> 例：田村浩『自転車で 100km をラクに走る：ロードバイクでもっと距離を伸ばしたい人に』技術評論社　786.5
>
> 例：阿部道『これで競輪のすべてがわかる：競輪は KEIRIN に

変わった』三恵書房　788.6

　　例：山口和幸『ツール・ド・フランス』講談社　788.6

786.6　ドライブ．ツーリング．ゴーカート．モトクロス．自動車競技　vs.　788.7　オートレース：カーレース，ラリー，小型自動車競技

　レクリエーションの範疇の自動車競技は，786.6 に収め，商業的な興行としての自動車競技は，788.7 に収める。

　　例：『新・全国四駆コースガイド』ライフクリエイション　786.6

　　例：『バイクツーリングパーフェクトマニュアル』学研パブリッシング　786.6

　　例：中沖満『ホンダオートバイレース史：浅間レースからマン島 TT まで』三樹書房　788.7

　　例：川島茂夫『F1 究極マシンとドライバーの凄い話』河出書房新社　788.7

798.5　コンピュータゲーム〈一般〉：テレビゲーム，オンラインゲーム

　794／797 に列挙されている室内娯楽・競技がコンピュータゲーム化された場合には，794／797 の下に収める。798 の下の室内娯楽を素材としたコンピュータゲームは，798.5 に収める。

　　例：松原仁編著『コンピュータ将棋の進歩』共立出版　796

2.9 ｜ 8類

　8 類は，日本語（810／818），中国語（820／828），その他

の東洋の諸言語（829），英語（830／838），ドイツ語（840／848），その他のゲルマン諸語（849），フランス語（850／858），プロバンス語（859），スペイン語（860／868），ポルトガル語（869），イタリア語（870／878），その他のロマンス諸語（879），ロシア語（880／888），その他のスラブ諸語（889），その他の諸言語（890／899）から構成されている。

　言語に関する著作が，日本人にとり一般的にメジャーと考えられる8つの言語を中心に，言語系統に地域性が加味され，おおむね言語系統別にグルーピングされている。

　日本語，中国語，朝鮮語，英語の4言語については，言語共通区分が適用された分類項目が細目表に展開されているが，その他の言語については言語共通区分を適用する。

801.91　点字

　点字は，9版まで障害児教育の下の378.18に置かれていたが，広く言語を表現する方法としてとらえるために，10版で801.91を新設した。点字の理論，点訳の方法などを含む点字一般は801.91に収める。378.18には，視覚障害児教育の観点からの点字法を収める（従来の継続性から，378.18に点字を収める別法も設けている）。また，特定主題に関する点字資料は，各主題の下に収める。

　　　例：道村静江『ここからはじめる点字・点訳のきほん』ナツ
　　　　　メ社　801.91

　　　例：佐瀬順一著；こどもくらぶ編『先生のためのやさしい点
　　　　　字講座』学事出版　378.18

　　　例：『点字版選挙公報製作必携』日本盲人福祉委員会　314.82

801.92　手話［手話言語］

　手話は，9版まで障害児教育の下の378.28に置かれていたが，広く言語を表現する方法としてとらえるために，10版で801.92を新設した。手話一般は801.92に収める。378.28には，聴覚障害児教育の観点からの手話法を収める（従来の継続性から，378.28に手話を収める別法も設けている）。

〈810／890　各言語〉（言語共通区分）

　各言語の下で，言語学の共通主題区分として使用する。日本語，中国語，朝鮮語を除く各言語は，言語共通区分を細目表の英語の分類項目に準じて細分してもよい。ただし，言語の集合（諸語）および分類記号を複数の言語で共有している言語には付加しない。

　以下，言語共通区分の各記号について説明する。

-1　音声．音韻．文字
発声や文字について扱っている著作に適用する。
　　例：小林潔『ロシアの文字の話：ことばをうつしとどめるもの』東洋書店　881

-2　語源．意味［語義］
単語の成立や起源について扱っている著作に適用する。
　　例：佐藤好正『スペイン語camba, camaの語源とその派生語』佐藤工房　862

-3　辞典
単語や語彙を集めて，その意味などを解説している辞典，

2章　細目表⋯⋯⋯167

いわゆる辞書に適用する。

例：『研究社新英和大辞典』研究社　833.3

-3　辞典　vs.　-033（形式区分の辞典）

語彙に関する辞典にのみ -3 を適用し，それ以外は，それぞれの言語共通区分の下に収め，形式区分 -033 を適用する。

例：『研究社英語学辞典』研究社　830.33

例：大塚高信編『新英文法辞典』三省堂　835.033

例：東条操編『全国方言辞典』東京堂　818.033

-4　語彙

語彙について扱っている著作に適用する。

例：高橋美佐『絵でわかるイタリア語基本単語1360』明日香
　　出版社　874

-5　文法．語法

文章の構成要素やその決まりなどを扱っている著作に適用する。

例：太田浩一ほか『新・フランス語文法の〈基礎〉』駿河台出
　　版社　855

-6　文章．文体．作文

文章やそのスタイル，作文法を扱っている著作に適用する。

例：清野智昭『ドイツ語を書いてみよう！』白水社　846

-7　読本．解釈．会話

文章の解釈法を扱っている著作や読本に適用する。語学の学習を主目的とした対訳書，注釈書の類は，語学テキストとして 8□7 に収める。

例：風間喜代三『オウィディウスでラテン語を読む』三省堂
　　892.7

-78　会話

会話法について扱っている著作に適用する。

　　　例：浜岡究『ゼロから話せるブラジル・ポルトガル語：会話
　　　　　中心』三修社　869.78

-78　会話　vs.　809.2／.6　話し方／討論・会議法

会話のテクニックである話し方や演説法などは，特定の言
語に関する著作も 809.2／.6 の下に収める。

　　　例：トミー・植松『英語のスピーチのしかた』評論社　809.4

-8　方言. 訛語

方言やことばの訛りについて扱っている著作に適用する。

　　　例：後藤弘樹『アメリカ北部英語方言の研究』双魚社　838

2.10　9類

　9 類は，8 類の言語の配列に基づき，その言語の文学であ
る日本文学（910／919），中国文学（920／928），その他の東
洋文学（929），英米文学（930／938），ドイツ文学（940／
948），その他のゲルマン文学（949），フランス文学（950／
958），プロバンス文学（959），スペイン文学（960／968），
ポルトガル文学（969），イタリア文学（970／978），その他
のロマンス文学（979），ロシア・ソビエト文学（980／988），
その他のスラブ文学（989），その他の諸言語文学（990／
999）から構成されている。9 類には，文学に関する著作と
文学作品の両方が収められる。

　日本文学，中国文学，英米文学，ドイツ文学，フランス文
学，スペイン文学，ポルトガル文学，イタリア文学，ロシ

2章　細目表………**169**

ア・ソビエト文学については，文学共通区分が適用された分類項目が細目表に展開されているが，その他の言語については文学共通区分を適用する。

902　文学史．文学思想史

形式区分を付加する場合，0の重複が必要となる（.03／.06を時代区分のための列挙項目として使用済みのため）。ただし，時代区分の後に形式区分を重ねる場合はその必要はない。

> 例：『世界文学史年表』は，902（世界文学史）＋0＋−032（形式区分：年表）→ 902.0032

〈910／990　各言語の文学〉（文学共通区分）

各言語の文学は，すべて文学共通区分により細分することができる。ただし，言語の集合（諸語）および分類記号を複数の言語で共有している言語による文学には付加しない。

以下，文学共通区分の各記号について説明する。

−1　詩歌

韻文による短文形の作品やその研究を扱っている著作に適用する。

> 例：山室静訳『アンデルセン詩集』弥生書房　949.71

> 例：ルースロ，J.『フランス詩の歴史』白水社　951

−1　詩歌　vs.　−2　戯曲

詩で書かれた劇（詩劇）には，−2を適用する。

170………第Ⅲ部　NDCマニュアル

例：シュペルヴィエル，J.『森の美女：詩劇』ユリイカ　952.7

-18　児童詩. 童謡

児童が創作した，あるいは児童向けに書かれた詩歌に適用する。ただし，日本語で書かれた児童詩・童謡は 911.58 に収める。

例：ボルモン，M.編『ほんとだよ！：フランスの子どもの詩』
邑書林　951.8

例：小林功治『風のおしゃべり：童謡詩集』新風舎　911.58

-2　戯曲

演劇の脚本形式で書かれた作品やその研究を扱っている著作に適用する。小説を戯曲化した著作は，脚色者の戯曲として -2 を適用する。

例：イプセン，H.『人形の家』岩波書店　949.62

例：原千代海著『イプセンの読み方』岩波書店　949.62

例：トルストイ，L.作；ロゾーフスキイ，M.脚色『ある馬の
物語：ホルストメール』せせらぎ出版　982

-2　戯曲　vs.　-1　詩歌

韻文体の戯曲である劇詩には，-1 を適用する。

例：ブラウニング，R.『指輪と書物：悲劇詩』法政大学出版局
931.6

-28　児童劇. 童話劇

例：メーテルリンク，M.『青い鳥』952.8

-3　小説. 物語

小説などの作品やその研究を扱っている著作に適用する。映画・テレビシナリオ，演劇台本，漫画などを小説化した著作（ノベライゼーション）には，-3 を適用する。

例：トルストイ，L.『戦争と平和』岩波書店　983

例：チャン・ヨンシル脚本，ソン・ヒョンギョン著『マイ・
プリンセス：韓国ドラマ公式ノベライゼーション』TO-
KIMEKIパブリッシング　929.13

-3　小説．物語　vs.　-1　詩歌　or　-2　戯曲

　詩あるいは戯曲の筋を物語化したものには，原作の文学形
式の記号である -1 あるいは -2 を適用する。ただし，児童
向けに物語化したものには，-3 を適用する。

例：斉藤洋文，佐竹美保絵『ハムレット』あすなろ書房（原
作は，シェイクスピアの戯曲。それを児童向けに小説化
した図書）　913.6

-38　童話

例：瀬戸恵津子『きつねのぼうし』文芸社　913.8

-4　評論．エッセイ．随筆

　主として文学者による自由な形式で書かれた散文作品やそ
の研究を扱っている著作に適用する。文学形式が不明な著作
にも適用できる。文学者以外の特定主題による随筆などは，
各主題に収める。芸術家，タレント，運動選手などの随筆な
どは，その伝記と同様に扱う（形式区分 -04 および -049 参照）。

例：トルストイ，L.『トルストイの日露戦争論：現代文』国書
刊行会　984

例：萩本欽一『欽ちゃんの，ボクはボケない大学生。：73 歳か
らの挑戦』文藝春秋　779.9

-5　日記．書簡．紀行

　文学作品とみなされる著作，または文学者の著作やその研
究を扱っている著作に適用する。ただし，文学者の著作であ
っても，特定の主題を有する著作は，その主題の下に収める。

例：ゴンチャローフ，I. A.『ゴンチャローフ日本渡航記』講談

社 985

-5 日記. 書簡. 紀行 vs. 280 伝記

文学者以外の人物の日記や書簡は，その伝記と同様に扱う。

例：草場安子『ナポレオン愛の書簡集』大修館書店　289.3

-5 日記. 書簡. 紀行 vs. 290 地理. 地誌. 紀行

文学者以外の人物の紀行は 290 の下に収める。

例：小林理子『アイスランド紀行：氷と火の島から』彩流社
293.89709

-5 日記. 書簡. 紀行 vs. -3 小説. 物語

日記体あるいは書簡体小説には，-3 を適用する。

例：船木満洲夫『性愛：書簡体の小説』文芸社　913.6

-6 記録. 手記. ルポルタージュ

個人史的文脈の強い手記，または社会的文脈であっても読みものとしての性格の強いルポルタージュ・手記などに適用する。

例：ガルシア・マルケス，G.『戒厳令下チリ潜入記：ある映画監督の冒険』岩波書店　966

-7 箴言. アフォリズム. 寸言

戒め，教訓，皮肉，諧謔などを短いことばで表現した短文形式の著作に適用する。他の文学形式が明確であれば，そちらの形式を優先する（例：狂歌・川柳，風刺詩，ユーモア小説などは，それぞれの文学形式を優先する）。

例：曽野綾子『苦しみあってこそ人生：曽野綾子の箴言集』海竜社　917

例：香鳴俊成撰『今様狂歌つくし集：新撰』郁朋社　911.19

例：村田正夫編『現代風刺詩集』潮流出版社　911.56

例：小林和生『命の母：ユーモア小説選集』新生出版　913.6

-8　作品集：全集，選集

個人または複数作家の主要な文学形式を特定できない作品集に適用する。主要な文学形式が特定できる作品集には，その文学形式の記号を適用する。

例：高橋健二訳『ゲーテ作品集』創元社　948.68

例：大山定一訳『ゲーテ詩集』小沢書店　941.6

例：松岡和子訳『シェイクスピア全集』筑摩書房　932.5

-8　作品集：全集，選集　vs.　-08（形式区分の叢書．全集．選集）

作品集ではない研究の叢書などには，形式区分の -08 を適用する。

例：福井芳男ほか編『フランス文学講座』大修館書店　950.8

-88　児童文学作品集：全集，選集

例：小出正吾『小出正吾児童文学全集』審美社　918.8

910／990　各言語の文学

「＊日本語など特定の言語による文学は，すべての文学形式において，時代区分が可能である」という注記は原則的なものであり，時代区分による細分は，細目表中に時代区分があらかじめ列挙されている場合および時代区分の適用を指示する注記がある場合に限定する。

注
1)　NDC では，3 人以上の人物を扱っている，いわゆる多数人の伝記のことを列伝あるいは叢伝と呼ぶ。
2)　現版では時代区分として.08 は使用されておらず，形式区分の -08 と固有補助表の -087 を付加しても時代区分とのバッティングは起こらない。

しかし，次版以降での時代区分の展開（-08 の使用）の可能性を留保する
ために 0 の重複を行う。

3）　例えば，アンペアブレーカーや電力量計（メーター）など。

●資料●

日本十進分類法 新訂 10 版 区分表

第 1 次区分表（類目表）

0　**総　　記**　　General works

(情報学, 図書館, 図書, 百科事典, 一般論文集, 逐次刊行物, 団体, ジャーナリズム, 叢書)

1　**哲　　学**　　Philosophy

(哲学, 心理学, 倫理学, 宗教)

2　**歴　　史**　　History

(歴史, 伝記, 地理)

3　**社会科学**　　Social sciences

(政治, 法律, 経済, 統計, 社会, 教育, 風俗習慣, 国防)

4　**自然科学**　　Natural sciences

(数学, 理学, 医学)

5　**技　　術**　　Technology

(工学, 工業, 家政学)

6　**産　　業**　　Industry

(農林水産業, 商業, 運輸, 通信)

7　**芸　　術**　　The arts

(美術, 音楽, 演劇, スポーツ, 諸芸, 娯楽)

8　**言　　語**　　Language

9　**文　　学**　　Literature

第 2 次区分表（綱目表）

00	**総記**	50	**技術. 工学**
01	図書館. 図書館情報学	51	建設工学. 土木工学
02	図書. 書誌学	52	建築学
03	百科事典. 用語索引	53	機械工学. 原子力工学
04	一般論文集. 一般講演集. 雑著	54	電気工学
05	逐次刊行物. 一般年鑑	55	海洋工学. 船舶工学. 兵器. 軍事工学
06	団体. 博物館	56	金属工学. 鉱山工学
07	ジャーナリズム. 新聞	57	化学工業
08	叢書. 全集. 選集	58	製造工業
09	貴重書. 郷土資料. その他の特別コレクション	59	**家政学. 生活科学**
10	**哲学**	60	**産業**
11	哲学各論	61	農業
12	東洋思想	62	園芸. 造園
13	西洋哲学	63	蚕糸業
14	心理学	64	畜産業. 獣医学
15	倫理学. 道徳	65	林業. 狩猟
16	**宗教**	66	水産業
17	神道	67	商業
18	仏教	68	運輸. 交通. 観光事業
19	キリスト教. ユダヤ教	69	通信事業
20	**歴史. 世界史. 文化史**	70	**芸術. 美術**
21	日本史	71	彫刻. オブジェ
22	アジア史. 東洋史	72	絵画. 書. 書道
23	ヨーロッパ史. 西洋史	73	版画. 印章. 篆刻. 印譜
24	アフリカ史	74	写真. 印刷
25	北アメリカ史	75	工芸
26	南アメリカ史	76	音楽. 舞踊. バレエ
27	オセアニア史. 両極地方史	77	演劇. 映画. 大衆芸能
28	伝記	78	**スポーツ. 体育**
29	**地理. 地誌. 紀行**	79	**諸芸. 娯楽**
30	**社会科学**	80	**言語**
31	政治	81	日本語
32	法律	82	中国語. その他の東洋の諸言語
33	経済	83	英語
34	財政	84	ドイツ語. その他のゲルマン諸語
35	統計	85	フランス語. プロバンス語
36	社会	86	スペイン語. ポルトガル語
37	教育	87	イタリア語. その他のロマンス諸語
38	風俗習慣. 民俗学. 民族学	88	ロシア語. その他のスラブ諸語
39	国防. 軍事	89	その他の諸言語
40	**自然科学**	90	**文学**
41	数学	91	日本文学
42	物理学	92	中国文学. その他の東洋文学
43	化学	93	英米文学
44	天文学. 宇宙科学	94	ドイツ文学. その他のゲルマン文学
45	地球科学. 地学	95	フランス文学. プロバンス文学
46	生物科学. 一般生物学	96	スペイン文学. ポルトガル文学
47	植物学	97	イタリア文学. その他のロマンス文学
48	動物学	98	ロシア・ソビエト文学. その他のスラブ文学
49	**医学. 薬学**	99	その他の諸言語文学

資料　日本十進分類法新訂10版　区分表

第 3 次区分表（要目表）

000 総記	**050 逐次刊行物**
001	051 　日本語
002 　知識. 学問. 学術	052 　中国語
003	053 　英語
004	054 　ドイツ語
005	055 　フランス語
006	056 　スペイン語
007 　情報学. 情報科学	057 　イタリア語
008	058 　ロシア語
009	059 　一般年鑑
010 図書館. 図書館情報学	**060 団体**
011 　図書館政策. 図書館行財政	061 　学術・研究機関
012 　図書館建築. 図書館設備	062
013 　図書館経営・管理	063 　文化交流機関
014 　情報資源の収集・組織化・保存	064
015 　図書館サービス. 図書館活動	065 　親睦団体. その他の団体
016 　各種の図書館	066
017 　　学校図書館	067
018 　　専門図書館	068
019 　読書. 読書法	**069 博物館**
020 図書. 書誌学	**070 ジャーナリズム. 新聞**
021 　著作. 編集	071 　日本
022 　写本. 刊本. 造本	072 　アジア
023 　出版	073 　ヨーロッパ
024 　図書の販売	074 　アフリカ
025 　一般書誌. 全国書誌	075 　北アメリカ
026 　稀書目録. 善本目録	076 　南アメリカ
027 　特種目録	077 　オセアニア. 両極地方
028 　選定図書目録. 参考図書目録	078
029 　蔵書目録. 総合目録	079
030 百科事典	**080 叢書. 全集. 選集**
031 　日本語	081 　日本語
032 　中国語	082 　中国語
033 　英語	083 　英語
034 　ドイツ語	084 　ドイツ語
035 　フランス語	085 　フランス語
036 　スペイン語	086 　スペイン語
037 　イタリア語	087 　イタリア語
038 　ロシア語	088 　ロシア語
039 用語索引	089 　その他の諸言語
040 一般論文集. 一般講演集	**090 貴重書. 郷土資料. その他の特別コレクション**
041 　日本語	091
042 　中国語	092
043 　英語	093
044 　ドイツ語	094
045 　フランス語	095
046 　スペイン語	096
047 　イタリア語	097
048 　ロシア語	098
049 雑著	099

第3次区分表（要目表）

100　哲学
101　　哲学理論
102　　哲学史
103　　参考図書［レファレンスブック］
104　　論文集．評論集．講演集
105　　逐次刊行物
106　　団体
107　　研究法．指導法．哲学教育
108　　叢書．全集．選集
109

110　哲学各論
111　　形而上学．存在論
112　　自然哲学．宇宙論
113　　人生観．世界観
114　　人間学
115　　認識論
116　　論理学．弁証法．方法論
117　　価値哲学
118　　文化哲学．技術哲学
[119]　芸術哲学．美学　→701

120　東洋思想
121　　日本思想
122　　中国思想．中国哲学
123　　　経書
124　　　先秦思想．諸子百家
125　　　中世思想．近代思想
126　　インド哲学．バラモン教
127
128
129　　その他の東洋思想．アジア哲学

130　西洋哲学
131　　古代哲学
132　　中世哲学
133　　近代哲学
134　　ドイツ・オーストリア哲学
135　　フランス・オランダ哲学
136　　スペイン・ポルトガル哲学
137　　イタリア哲学
138　　ロシア哲学
139　　その他の哲学

140　心理学
141　　普通心理学．心理各論
142
143　　発達心理学
144
145　　異常心理学
146　　臨床心理学．精神分析学
147　　超心理学．心霊研究
148　　相法．易占
[149]　応用心理学　→140

150　倫理学．道徳
151　　倫理各論
152　　家庭倫理．性倫理
153　　職業倫理
154　　社会倫理［社会道徳］
155　　国体論．詔勅
156　　武士道
157　　報徳教．石門心学
158　　その他の特定主題
159　　人生訓．教訓

160　宗教
161　　宗教学．宗教思想
162　　宗教史・事情
163　　原始宗教．宗教民族学
164　　神話．神話学
165　　比較宗教
166　　道教
167　　イスラム
168　　ヒンズー教．ジャイナ教
169　　その他の宗教．新興宗教

170　神道
171　　神道思想．神道説
172　　神祇・神道史
173　　神典
174　　信仰録．説教集
175　　神社．神職
176　　祭祀
177　　布教．伝道
178　　各教派．教派神道
179

180　仏教
181　　仏教教理．仏教哲学
182　　仏教史
183　　経典
184　　法話・説教集
185　　寺院．僧職
186　　仏会
187　　布教．伝道
188　　各宗
189

190　キリスト教
191　　教義．キリスト教神学
192　　キリスト教史．迫害史
193　　聖書
194　　信仰録．説教集
195　　教会．聖職
196　　典礼．祭式．礼拝
197　　布教．伝道
198　　各教派．教会史
199　ユダヤ教

資料　日本十進分類法新訂10版　区分表………181

第 3 次区分表（要目表）

200　歴史
201　　歴史学
202　　歴史補助学
203　　参考図書［レファレンスブック］
204　　論文集．評論集．講演集
205　　逐次刊行物
206　　団体
207　　研究法．指導法．歴史教育
208　　叢書．全集．選集
209　世界史．文化史

210　日本史
211　　北海道地方
212　　東北地方
213　　関東地方
214　　北陸地方
215　　中部地方
216　　近畿地方
217　　中国地方
218　　四国地方
219　　九州地方

220　アジア史．東洋史
221　　朝鮮
222　　中国
223　　東南アジア
224　　　インドネシア
225　　インド
［226］　西南アジア．中東［中近東］　→227
227　　西南アジア．中東［中近東］
［228］　アラブ諸国　→227
229　　アジアロシア

230　ヨーロッパ史．西洋史
231　　古代ギリシア
232　　古代ローマ
233　　イギリス．英国
234　　ドイツ．中欧
235　　フランス
236　　スペイン［イスパニア］
237　　イタリア
238　　ロシア
239　　バルカン諸国

240　アフリカ史
241　　北アフリカ
242　　　エジプト
243　　　マグレブ諸国
244　　西アフリカ
245　　東アフリカ
246
247
248　　南アフリカ
249　　インド洋のアフリカ諸島

250　北アメリカ史
251　　カナダ
252
253　　アメリカ合衆国
254
255　　ラテンアメリカ［中南米］
256　　　メキシコ
257　　中央アメリカ［中米諸国］
258
259　　西インド諸島

260　南アメリカ史
261　　北部諸国［カリブ沿海諸国］
262　　ブラジル
263　　パラグアイ
264　　ウルグアイ
265　　アルゼンチン
266　　チリ
267　　ボリビア
268　　ペルー
269

270　オセアニア史．両極地方史
271　　オーストラリア
272　　ニュージーランド
273　　メラネシア
274　　ミクロネシア
275　　ポリネシア
276　　ハワイ
277　　両極地方
278　　　北極．北極地方
279　　　南極．南極地方

280　伝記
281　　日本
282　　アジア
283　　ヨーロッパ
284　　アフリカ
285　　北アメリカ
286　　南アメリカ
287　　オセアニア．両極地方
288　　系譜．家史．皇室
289　　個人伝記

290　地理．地誌．紀行
291　　日本
292　　アジア
293　　ヨーロッパ
294　　アフリカ
295　　北アメリカ
296　　南アメリカ
297　　オセアニア．両極地方
298
299　　海洋

第3次区分表（要目表）

300 社会科学

301	理論. 方法論
302	政治・経済・社会・文化事情
303	参考図書［レファレンスブック］
304	論文集. 評論集. 講演集
305	逐次刊行物
306	団体
307	研究法. 指導法. 社会科学教育
308	叢書. 全集. 選集
309	社会思想

310 政治

311	政治学. 政治思想
312	政治史・事情
313	国家の形態. 政治体制
314	議会
315	政党. 政治結社
316	国家と個人・宗教・民族
317	行政
318	地方自治. 地方行政
319	外交. 国際問題

320 法律

321	法学
322	法制史
323	憲法
324	民法. 民事法
325	商法. 商事法
326	刑法. 刑事法
327	司法. 訴訟手続法
[328]	諸法
329	国際法

330 経済

331	経済学. 経済思想
332	経済史・事情. 経済体制
333	経済政策. 国際経済
334	人口. 土地. 資源
335	企業. 経営
336	経営管理
337	貨幣. 通貨
338	金融. 銀行. 信託
339	保険

340 財政

341	財政学. 財政思想
342	財政史・事情
343	財政政策. 財務行政
344	予算. 決算
345	租税
346	
347	公債. 国債
348	専売. 国有財産
349	地方財政

350 統計

351	日本
352	アジア
353	ヨーロッパ
354	アフリカ
355	北アメリカ
356	南アメリカ
357	オセアニア. 両極地方
358	人口統計. 国勢調査
[359]	各種の統計書

360 社会

361	社会学
362	社会史. 社会体制
363	
364	社会保障
365	生活・消費者問題
366	労働経済. 労働問題
367	家族問題. 男性・女性問題. 老人問題
368	社会病理
369	社会福祉

370 教育

371	教育学. 教育思想
372	教育史・事情
373	教育政策. 教育制度. 教育行財政
374	学校経営・管理. 学校保健
375	教育課程. 学習指導. 教科別教育
376	幼児・初等・中等教育
377	大学. 高等・専門教育. 学術行政
378	障害児教育［特別支援教育］
379	社会教育

380 風俗習慣. 民俗学. 民族学

381	
382	風俗史. 民俗誌. 民族誌
383	衣食住の習俗
384	社会・家庭生活の習俗
385	通過儀礼. 冠婚葬祭
386	年中行事. 祭礼
387	民間信仰. 迷信［俗信］
388	伝説. 民話［昔話］
389	民族学. 文化人類学

390 国防. 軍事

391	戦争. 戦略. 戦術
392	国防史・事情. 軍事史・事情
393	国防政策・行政・法令
394	軍事医学. 兵食
395	軍事施設. 軍需品
396	陸軍
397	海軍
398	空軍
399	古代兵法. 軍学

資料　日本十進分類法新訂10版　区分表………**183**

第3次区分表（要目表）

400　自然科学
401　科学理論．科学哲学
402　科学史・事情
403　参考図書［レファレンスブック］
404　論文集．評論集．講演集
405　逐次刊行物
406　団体
407　研究法．指導法．科学教育
408　叢書．全集．選集
409　科学技術政策．科学技術行政

410　数学
411　代数学
412　数論［整数論］
413　解析学
414　幾何学
415　位相数学
416
417　確率論．数理統計学
418　計算法
419　和算．中国算法

420　物理学
421　理論物理学
422
423　力学
424　振動学．音響学
425　光学
426　熱学
427　電磁気学
428　物性物理学
429　原子物理学

430　化学
431　物理化学．理論化学
432　実験化学［化学実験法］
433　分析化学［化学分析］
434　合成化学［化学合成］
435　無機化学
436　　金属元素とその化合物
437　有機化学
438　　環式化合物の化学
439　　天然物質の化学

440　天文学．宇宙科学
441　理論天文学．数理天文学
442　実地天文学．天体観測法
443　恒星．恒星天文学
444　太陽．太陽物理学
445　惑星．衛星
446　月
447　彗星．流星
448　地球．天文地理学
449　時法．暦学

450　地球科学．地学
451　気象学
452　海洋学
453　地震学
454　地形学
455　地質学
456　地史学．層位学
457　古生物学．化石
458　岩石学
459　鉱物学

460　生物科学．一般生物学
461　理論生物学．生命論
462　生物地理．生物誌
463　細胞学
464　生化学
465　微生物学
466
467　遺伝学
468　生態学
469　人類学

470　植物学
471　一般植物学
472　植物地理．植物誌
473　葉状植物
474　　藻類．菌類
475　　コケ植物［蘚苔類］
476　　シダ植物
477　種子植物
478　　裸子植物
479　　被子植物

480　動物学
481　一般動物学
482　動物地理．動物誌
483　無脊椎動物
484　　軟体動物．貝類学
485　　節足動物
486　　　昆虫類
487　脊椎動物
488　　鳥類
489　　哺乳類

490　医学
491　基礎医学
492　臨床医学．診断・治療
493　内科学
494　外科学
495　婦人科学．産科学
496　眼科学．耳鼻咽喉科学
497　歯科学
498　衛生学．公衆衛生．予防医学
499　薬学

第3次区分表（要目表）

500 技術. 工学	
501	工業基礎学
502	技術史. 工学史
503	参考図書［レファレンスブック］
504	論文集. 評論集. 講演集
505	逐次刊行物
506	団体
507	研究法. 指導法. 技術教育
508	叢書. 全集. 選集
509	工業. 工業経済
510 建設工学. 土木工学	
511	土木力学. 建設材料
512	測量
513	土木設計・施工法
514	道路工学
515	橋梁工学
516	鉄道工学
517	河海工学. 河川工学
518	衛生工学. 都市工学
519	環境工学. 公害
520 建築学	
521	日本の建築
522	東洋の建築. アジアの建築
523	西洋の建築. その他の様式の建築
524	建築構造
525	建築計画・施工
526	各種の建築
527	住宅建築
528	建築設備. 設備工学
529	建築意匠・装飾
530 機械工学	
531	機械力学・材料・設計
532	機械工作. 工作機械
533	熱機関. 熱工学
534	流体機械. 流体工学
535	精密機器. 光学機器
536	運輸工学. 車両. 運搬機械
537	自動車工学
538	航空工学. 宇宙工学
539 原子力工学	
540 電気工学	
541	電気回路・計測・材料
542	電気機器
543	発電
544	送電. 変電. 配電
545	電灯. 照明. 電熱
(546	電気鉄道)
547	通信工学. 電気通信
548	情報工学
549	電子工学

550 海洋工学. 船舶工学	
551	理論造船学
552	船体構造・材料・施工
553	船体艤装. 船舶設備
554	舶用機関［造機］
555	船舶修理. 保守
556	各種の船舶・艦艇
557	航海. 航海学
558	海洋開発
559 兵器. 軍事工学	
560 金属工学. 鉱山工学	
561	採鉱. 選鉱
562	各種の金属鉱床・採掘
563	冶金. 合金
564	鉄鋼
565	非鉄金属
566	金属加工. 製造冶金
567	石炭
568	石油
569	非金属鉱物. 土石採取業
570 化学工業	
571	化学工学. 化学機器
572	電気化学工業
573	セラミックス. 窯業. 珪酸塩化学工業
574	化学薬品
575	燃料. 爆発物
576	油脂類
577	染料
578	高分子化学工業
579	その他の化学工業
580 製造工業	
581	金属製品
582	事務機器. 家庭機器. 楽器
583	木工業. 木製品
584	皮革工業. 皮革製品
585	パルプ・製紙工業
586	繊維工業
587	染色加工. 染色業
588	食品工業
589	その他の雑工業
590 家政学. 生活科学	
591	家庭経済・経営
592	家庭理工学
593	衣服. 裁縫
594	手芸
595	理容. 美容
596	食品. 料理
597	住居. 家具調度
598	家庭衛生
599	育児

資料　日本十進分類法新訂10版　区分表………185

第 3 次区分表（要目表）

600 産業	**650 林業**
601　産業政策・行政. 総合開発	651　林業経済・行政・経営
602　産業史・事情. 物産誌	652　森林史. 林業史・事情
603　参考図書［レファレンスブック］	653　森林立地. 造林
604　論文集. 評論集. 講演集	654　森林保護
605　逐次刊行物	655　森林施業
606　団体	656　森林工学
607　研究法. 指導法. 産業教育	657　森林利用. 林産物. 木材学
608　叢書. 全集. 選集	658　林産製造
609　度量衡. 計量法	**659　狩猟**
610 農業	**660 水産業**
611　農業経済・行政・経営	661　水産経済・行政・経営
612　農業史・事情	662　水産業および漁業史・事情
613　農業基礎学	663　水産基礎学
614　農業工学	664　漁労. 漁業各論
615　作物栽培. 作物学	665　漁船. 漁具
616　　食用作物	666　水産増殖. 養殖業
617　　工芸作物	667　水産製造. 水産食品
618　　繊維作物	668　水産物利用. 水産利用工業
619　農産物製造・加工	669　製塩. 塩業
620 園芸	**670 商業**
621　園芸経済・行政・経営	671　商業政策・行政
622　園芸史・事情	672　商業史・事情
623　園芸植物学. 病虫害	673　商業経営. 商店
624　温室. 温床. 園芸用具	674　広告. 宣伝
625　果樹園芸	675　マーケティング
626　蔬菜園芸	676　取引所
627　花卉園芸［草花］	677
628　園芸利用	678　貿易
629　造園	679
630 蚕糸業	**680 運輸. 交通**
631　蚕糸経済・行政・経営	681　交通政策・行政・経営
632　蚕糸業史・事情	682　交通史・事情
633　蚕学. 蚕業基礎学	683　海運
634　蚕種	684　内陸水運. 運河交通
635　飼育法	685　陸運. 道路運輸
636　くわ. 栽桑	686　鉄道運輸
637　蚕室. 蚕具	687　航空運輸
638　まゆ	688　倉庫業
639　製糸. 生糸. 蚕糸利用	**689　観光事業**
640 畜産業	**690 通信事業**
641　畜産経済・行政・経営	691　通信政策・行政・法令
642　畜産史・事情	692　通信事業史・事情
643　家畜の繁殖. 家畜飼料	693　郵便. 郵政事業
644　家畜の管理. 畜舎. 用具	694　電気通信事業
645　家畜. 畜産動物. 愛玩動物	695
646　家禽	696
［647］　みつばち. 昆虫　→646）	697
648　畜産製造. 畜産物	698
649　獣医学	699　放送事業

186

第3次区分表（要目表）

700 芸術. 美術	**750 工芸**
701 芸術理論. 美学	751 陶磁工芸
702 芸術史. 美術史	752 漆工芸
703 参考図書［レファレンスブック］	753 染織工芸
704 論文集. 評論集. 講演集	754 木竹工芸
705 逐次刊行物	755 宝石・牙角・皮革工芸
706 団体	756 金工芸
707 研究法. 指導法. 芸術教育	757 デザイン. 装飾美術
708 叢書. 全集. 選集	758 美術家具
709 芸術政策. 文化財	759 人形. 玩具
710 彫刻	**760 音楽**
711 彫塑材料・技法	761 音楽の一般理論. 音楽学
712 彫刻史. 各国の彫刻	762 音楽史. 各国の音楽
713 木彫	763 楽器. 器楽
714 石彫	764 器楽合奏
715 金属彫刻. 鋳造	765 宗教音楽. 聖楽
716	766 劇音楽
717 粘土彫刻. 塑造	767 声楽
718 仏像	768 邦楽
719 **オブジェ**	769 **舞踊. バレエ**
720 絵画	**770 演劇**
721 日本画	771 劇場. 演出. 演技
722 東洋画	772 演劇史. 各国の演劇
723 洋画	773 能楽. 狂言
724 絵画材料・技法	774 歌舞伎
725 素描. 描画	775 各種の演劇
726 漫画. 挿絵. 児童画	776
727 グラフィックデザイン. 図案	777 人形劇
728 **書. 書道**	778 **映画**
729	779 **大衆演芸**
730 版画	**780 スポーツ. 体育**
731 版画材料・技法	781 体操. 遊戯
732 版画史. 各国の版画	782 陸上競技
733 木版画	783 球技
734 石版画［リトグラフ］	784 冬季競技
735 銅版画. 鋼版画	785 水上競技
736 リノリウム版画. ゴム版画	786 戸外レクリエーション
737 写真版画. 孔版画	787 釣魚. 遊泳
738	788 相撲. 拳闘. 競馬
739 **印章. 篆刻. 印譜**	789 武術
740 写真	**790 諸芸. 娯楽**
741	791 茶道
742 写真機械・材料	792 香道
743 撮影技術	793 花道［華道］
744 現像. 印画	794 ビリヤード
745 複写技術	795 囲碁
746 特殊写真	796 将棋
747 写真の応用	797 射倖ゲーム
748 写真集	798 その他の室内娯楽
749 **印刷**	799 ダンス

資料 日本十進分類法新訂10版 区分表………**187**

第 3 次区分表（要目表）

800 言語
801 言語学
802 言語史・事情．言語政策
803 参考図書［レファレンスブック］
804 論文集．評論集．講演集
805 逐次刊行物
806 団体
807 研究法．指導法．言語教育
808 叢書．全集．選集
809 言語生活

810 日本語
811 音声．音韻．文字
812 語源．意味［語義］
813 辞典
814 語彙
815 文法．語法
816 文章．文体．作文
817 読本．解釈．会話
818 方言．訛語
819

820 中国語
821 音声．音韻．文字
822 語源．意味［語義］
823 辞典
824 語彙
825 文法．語法
826 文章．文体．作文
827 読本．解釈．会話
828 方言．訛語
829 その他の東洋の諸言語

830 英語
831 音声．音韻．文字
832 語源．意味［語義］
833 辞典
834 語彙
835 文法．語法
836 文章．文体．作文
837 読本．解釈．会話
838 方言．訛語
839

840 ドイツ語
841 音声．音韻．文字
842 語源．意味［語義］
843 辞典
844 語彙
845 文法．語法
846 文章．文体．作文
847 読本．解釈．会話
848 方言．訛語
849 その他のゲルマン諸語

850 フランス語
851 音声．音韻．文字
852 語源．意味［語義］
853 辞典
854 語彙
855 文法．語法
856 文章．文体．作文
857 読本．解釈．会話
858 方言．訛語
859 プロバンス語

860 スペイン語
861 音声．音韻．文字
862 語源．意味［語義］
863 辞典
864 語彙
865 文法．語法
866 文章．文体．作文
867 読本．解釈．会話
868 方言．訛語
869 ポルトガル語

870 イタリア語
871 音声．音韻．文字
872 語源．意味［語義］
873 辞典
874 語彙
875 文法．語法
876 文章．文体．作文
877 読本．解釈．会話
878 方言．訛語
879 その他のロマンス諸語

880 ロシア語
881 音声．音韻．文字
882 語源．意味［語義］
883 辞典
884 語彙
885 文法．語法
886 文章．文体．作文
887 読本．解釈．会話
888 方言．訛語
889 その他のスラブ諸語

890 その他の諸言語
891 ギリシア語
892 ラテン語
893 その他のヨーロッパの諸言語
894 アフリカの諸言語
895 アメリカの諸言語
896
897 オーストラリアの諸言語
898
899 国際語［人工語］

第 3 次区分表（要目表）

900	**文学**	**950**	**フランス文学**
901	文学理論・作法	951	詩
902	文学史. 文学思想史	952	戯曲
903	参考図書［レファレンスブック］	953	小説. 物語
904	論文集. 評論集. 講演集	954	評論. エッセイ. 随筆
905	逐次刊行物	955	日記. 書簡. 紀行
906	団体	956	記録. 手記. ルポルタージュ
907	研究法. 指導法. 文学教育	957	箴言. アフォリズム. 寸言
908	叢書. 全集. 選集	958	作品集
909	児童文学研究	**959**	**プロバンス文学**
910	**日本文学**	**960**	**スペイン文学**
911	詩歌	961	詩
912	戯曲	962	戯曲
913	小説. 物語	963	小説. 物語
914	評論. エッセイ. 随筆	964	評論. エッセイ. 随筆
915	日記. 書簡. 紀行	965	日記. 書簡. 紀行
916	記録. 手記. ルポルタージュ	966	記録. 手記. ルポルタージュ
917	箴言. アフォリズム. 寸言	967	箴言. アフォリズム. 寸言
918	作品集	968	作品集
919	漢詩文. 日本漢文学	**969**	**ポルトガル文学**
920	**中国文学**	**970**	**イタリア文学**
921	詩歌. 韻文. 詩文	971	詩
922	戯曲	972	戯曲
923	小説. 物語	973	小説. 物語
924	評論. エッセイ. 随筆	974	評論. エッセイ. 随筆
925	日記. 書簡. 紀行	975	日記. 書簡. 紀行
926	記録. 手記. ルポルタージュ	976	記録. 手記. ルポルタージュ
927	箴言. アフォリズム. 寸言	977	箴言. アフォリズム. 寸言
928	作品集	978	作品集
929	その他の東洋文学	**979**	**その他のロマンス文学**
930	**英米文学**	**980**	**ロシア・ソビエト文学**
931	詩	981	詩
932	戯曲	982	戯曲
933	小説. 物語	983	小説. 物語
934	評論. エッセイ. 随筆	984	評論. エッセイ. 随筆
935	日記. 書簡. 紀行	985	日記. 書簡. 紀行
936	記録. 手記. ルポルタージュ	986	記録. 手記. ルポルタージュ
937	箴言. アフォリズム. 寸言	987	箴言. アフォリズム. 寸言
938	作品集	988	作品集
[939]	アメリカ文学　→930／938	**989**	**その他のスラブ文学**
940	**ドイツ文学**	**990**	**その他の諸言語文学**
941	詩	991	ギリシア文学
942	戯曲	992	ラテン文学
943	小説. 物語	993	その他のヨーロッパ文学
944	評論. エッセイ. 随筆	994	アフリカ文学
945	日記. 書簡. 紀行	995	アメリカ諸語の文学
946	記録. 手記. ルポルタージュ	996	
947	箴言. アフォリズム. 寸言	997	オーストラリア諸言語の文学
948	作品集	998	
949	その他のゲルマン文学	999	国際語［人工語］による文学

資料　日本十進分類法新訂10版　区分表………**189**

事項索引

※本文中の主要事項を五十音順およびアルファベット順に分けて配列した。
※「をみよ」参照は → で，「をもみよ」参照は →：で示した。

【ア】
アクセスポイント……………… ⅲ , 28

【イ】
一貫性 ………………………… 35, 37
一般分類規程 ……………………39-46
　→：分類規程
一般補助表 ……18, 38, 48-54, 62-84
　→：補助表
一方参照　→「をみよ」参照
因果関係……………………… 34, 43
引用順序……………… 36, 38, 46, 108
　→：番号構築；ファセット

【エ】
影響関係……………………… 34, 43
英文項目名…………………………14

【オ】
オンライン閲覧目録　→ OPAC

【カ】
外形式 ……………………… 34, 51
　→：形式区分；内形式；優先順

序
階層構造 ……………………… 4, 10
概念 ……………………… 29, 65-66
　→：主題分析
概念の上下関係 …………… 34, 43-44
海洋区分 ……………… 18, 53, 83
学際的著作 ………………………39
学問分野 …… 33-34, 39, 69-70, 86-87
　→：観点
合刻書 ……………………………42
カッター（C. A. Cutter, 1837-1903）
　……………………………………3
合綴書 ……………………………42
観点……… 3-4, 20, 25, 32, 39-40, 57
　→：学問分野；観点分類法
観点分類法 ………………………3-4
　→：観点
関連項目名　→関連分類項目名
関連子……………………………46
関連主題………………… 25, 127
関連著作……………………… 40-41
関連分類項目名……………………14

【キ】

記号の合成　→番号構築

記号法 ································· 2, 10

　→：十進記号法

基礎主題 ······················ 33, 37

　→：単一主題

基本件名標目表（BSH）······· 22, 24

脚色 ··························· 41, 171

共通細区分表 ······· 19, 54-55, 84-85

　→：固有補助表

【ク】

空番 ······························ 8, 11

区分原理　→区分特性

区分肢 ······························ 7

区分調整 ······················ 10-12

　→：中間見出し

区分特性［区分原理］···7, 12, 15, 23,

　32, 46-47, 62, 82-83, 86

　→：フォーカス

クラス ·························· 34, 45

【ケ】

形式概念 ······················ 34, 40

形式区分 ···· 18, 34, 40, 48-52, 62-82

　→：外形式；叙述形式；内形

　　式；編集・出版形式；歴史

　　的・地域的論述

形式区分の複合使用 ········ 51, 68-69

研究法 ·························· 70, 79

言語共通区分

·················· 19, 23, 55, 85, 167-169

言語区分 ············ 18, 53-54, 83-84

原著作とその関連著作 ········ 40-41

限定語 ·························· 20, 57

限定注記 ··························· 15

　→：範囲注記

原綴 ······························· 14

【コ】

綱 ································· 7

公共図書館 ························· 2

合成語 ························ 21, 57-58

校注 ······························ 40

綱目表 ······················ 6, 7, 179

　→：第2次区分表；要約表

語学学習書 ························ 41

国立国会図書館件名標目表

　（NDLSH）······················ 24

個人伝記 ····················· 113-116

　→：伝記資料

固有補助表 ····· 19, 38, 54-56, 84-85,

　113, 145-147, 167-174

　→：共通細区分表；補助表

混合主題 ··················· 33, 36, 38

　→：相関係

【サ】

細分注記 ······················ 15, 66

　→：分類注記

細目表 ······················· 6, 8, 13

索引語 ···························· 24

索引法‥‥‥‥‥‥‥ 29-30, 32, 46
作品論‥‥‥‥‥‥‥‥‥‥160-161
作家研究‥‥‥‥‥‥‥‥‥‥‥114
雑項目‥‥‥‥‥‥‥‥‥‥‥‥‥47
参考資料‥‥‥‥‥‥‥‥‥‥‥ 31
参考図書‥‥‥‥‥‥‥‥ 31, 72-76
参照‥‥‥‥‥‥‥‥‥‥‥ 16-17
　→:「をみよ」参照;「をもみよ」
　　参照

【シ】
字上げ‥‥‥‥‥‥‥‥‥‥‥‥11
事項索引‥‥‥‥‥‥‥‥‥‥‥24
字下げ‥‥‥‥‥‥‥‥‥‥ 11, 102
事前結合索引法‥‥‥‥‥‥‥‥46
時代区分‥‥ 19, 23, 49, 55, 66-67, 84
十進記号法‥‥‥‥‥‥ 4-5, 10-13
　→:記号法;十進分類法
十進分類法‥‥‥‥‥‥‥‥ 4, 10
　→:十進記号法;デューイ十進
　　分類法
辞典‥‥‥‥‥‥‥71, 73, 167-168
重出‥‥‥‥‥‥ 24, 29-30, 40-45
縮約項目‥‥‥‥‥‥‥‥‥‥‥11
主題概念‥‥‥‥‥‥‥ 51, 65, 69
主題クラス‥‥‥‥‥‥‥‥ 13, 87
主題検索‥‥‥‥‥‥‥ ⅲ, 24, 28
主題順排架　→分類排架
主題情報‥‥‥‥‥‥‥‥‥‥‥24
主題と材料‥‥‥‥‥‥‥‥ 34, 44
　→:分類規程

主題と目的‥‥‥‥‥‥‥‥ 34, 45
　→:分類規程
主題内容の把握‥‥‥‥‥‥ 30-32
主題の観点‥‥‥‥‥‥‥‥ 39-40
　→:分類規程
主題分析‥‥‥‥‥‥‥‥‥ 29-34
　→:概念;分類作業;網羅的索
　　引法;要約法
主類‥‥‥‥‥‥‥‥‥‥ 3, 6, 47
　→:第1次区分;類;類目表
上位概念‥‥‥‥‥‥‥‥‥‥43
小説‥‥‥‥‥‥‥‥‥‥171-173
情報源‥‥‥‥‥‥‥‥‥‥‥30
情報資源‥‥‥‥‥‥‥‥ ⅲ, 10
抄録‥‥‥‥‥‥‥‥‥‥‥‥41
抄録集‥‥‥‥‥‥‥‥‥‥‥73
書誌情報‥‥‥‥‥‥‥ 28, 31, 36
書誌データ‥‥‥‥‥‥‥‥ 28, 30
書誌分類記号‥‥‥‥ 28, 40-41, 43, 45
書誌分類法‥‥‥‥‥‥‥‥‥24
叙述形式‥‥‥‥‥‥‥‥‥ 51, 62
　→:形式区分
資料　→情報資源
新主題‥‥‥‥‥‥‥‥‥‥ 38, 45
新聞‥‥‥‥‥‥‥‥‥ 86-87, 101

【ス】
随筆‥‥‥‥‥‥‥‥‥ 77, 99, 172

【セ】
青年図書館員聯盟‥‥‥‥‥‥‥2

事項索引‥‥‥‥193

全集 ……… 76, 81, 98, 101-102, 174
専門図書館 ……………………… 35, 95

【ソ】

相関係 ……………………… 33-34, 36
　→：混合主題
相関索引
　……… 4, 20-21, 24, 57-58, 82-84
総記 …………………… 6-7, 40, 47
　→：第 1 次区分
相互参照　→「をもみよ」参照

【タ】

第 1 次区分 ………………… 3, 6
　→：主類；総記；類
第 1 次区分表 …………………… 6
　→：類目表
第一次産業 ………………… 145, 153
大学図書館 …………………… 2
第 3 次区分表 …………………… 6-8
　→：要目表
第三次産業 ………………… 153
タイトル …………………… 30
第 2 次区分表 …………………… 6-7
　→：綱目表
第二次産業 ………………… 145, 153
対訳書 ………………… 41, 168
単一概念　→フォーカス
単一主題 ………………… 33, 37
　→：基礎主題；ファセット；フォ
　ーカス

短縮形 ……………… 67-69, 120

【チ】

知識の体系 …………………… 3
地図 …………………… 75
中間見出し …………………… 12
　→：区分調整
注記 ………………… 15-16, 25
注参照 …………………… 16
　→：排除注記
注釈書 …………………… 168
調査研究法 …………………… 34
調査法 …………………… 79
直接参照　→「をみよ」参照
地理区分 ………………… 18, 52-53, 82
　→：日本地方区分

【テ】

適用基準 …………………… 23
テーマ　51, 76
デューイ（Melvil Dewey, 1851-1931）
　…………………………… 3
デューイ十進分類法（DDC）…… 3-5
　→：十進分類法
展開分類法（EC）…………………… 3
伝記資料 ………………… 111-117
　→：個人伝記；列伝
同義語 ………………… 13, 20

【ト】

統計書 ………………… 78, 99-100

読本 ···································· 41, 168
圃研究······································ 2

【ナ】

内形式······························ 34, 51
　→：外形式；形式区分；優先順
　　序
ナンバービルディング　→番号構築

【ニ】

二者択一項目····················· 25
　→：別法
日本地方区分···············52, 82
　→：地理区分
日本図書館協会·················· iv , 2

【ハ】

排除注記 ······················ 15-16
　→：注参照；範囲注記
範囲注記 ·························· 15
　→：限定注記；排除注記；分散
　　注記；分類注記；包含注記
番号構築 ················ 18, 38, 48-56
　→：引用順序

【ヒ】

比較対照 ······················ 34, 44
批評 ······························ 40
表現形式 ······················ 40, 160
評釈 ······························ 40
標準分類法 ······················ iii, 2

【フ】

ファセット··················· 32-34
　→：引用順序；単一主題；複合
　　主題；分析合成型分類法
フォーカス ··················· 32-33
　→：区分特性；単一主題；複合
　　主題
不均衡項目·····················11
複合主題···················· 4, 33, 36, 38
　→：ファセット；フォーカス
複数主題················· 34, 38, 41
文学共通区分······ 19, 23, 40, 56, 85,
170-174
　→：文学形式
文学形式···········40-41, 56, 114
　→：文学共通区分
文献的根拠 ···················· 8, 52
分散注記 ······················ 15
　→：範囲注記
分析合成型分類法 ····················· 38
　→：ファセット
分類記号 ························ 13
分類基準　→分類規程
分類規程 ············ 24, 28-29, 36-37
　→：一般分類規程；主題と材料；
　　主題と目的；主題の観点；
　　優先順序；理論と応用
分類項目 ························ 13
分類項目名··············· 13-14, 20, 57
分類コード　→分類規程

分類作業 ……… iii-iv, 6, 22, 28-37
　→：主題分析
分類重出　→重出
分類小項目名 ……………………… 14
分類体系 ……… 2, 6, 10, 22, 35, 57
分類注記 …………………………… 15-16
　→：細分注記；範囲注記；別法
　　注記
分類配架 …………………………… 28
分類表 ……………………………… 6-19

【ヘ】
別法 ………………………………… 60
　→：二者択一項目；別法注記
別法注記 …………………………… 16, 25
　→：分類注記；別法
編集・出版形式 ……… 34, 40, 51, 62
　→：形式区分

【ホ】
包含注記 …………………………… 15
　→：範囲注記
補助表 ……………… 6, 18, 23, 62
　→：一般補助表；固有補助表
翻案 ………………………………… 41
翻訳 ………………………………… 40

【ミ】
未使用項目 ………………………8, 11

【メ】
名辞 ………………………………… 13-14

【モ】
網羅的索引法 ……………………… 29-30
　→：主題分析；要約法
目 …………………………………… 8
もり・きよし（1906-1990）………… 2

【ユ】
優先順序 …………………… 23, 38, 51
　→：外形式；内形式；分類規程

【ヨ】
要目表 ……………… 6, 8, 180-189
　→：第 3 次区分表；要約表
要約主題 …………………………… 37
要約表 ……………………… 6, 35
　→：綱目表；要目表；類目表
要約法 ……………………………… 29-30
　→：主題分析；網羅的索引法
読みもの ……………………………118, 173

【リ】
理論と応用 ………………… 34, 44
　→：分類規程

【ル】
類 …………………………………… 3, 6
　→：第 1 次区分；類目表

類語 ························· 20

類目表 ····················· 6, 178

　→：主類；第 1 次区分表；要約

　　表；類

【レ】

歴史的・地域的論述 ········ 52, 70-72

　→：形式区分

列挙型分類法 ············ 4, 18, 28, 38

列伝 ······················ 111-113

　→：伝記資料

連結参照　→「をもみよ」参照

【ワ】

和洋図書共用十進分類表案 ········· 2

【ヲ】

「をみよ」参照 ··················· 16-17

　→：参照

「をもみよ」参照 ··················· 16-17

　→：参照

【B】

BSH　→基本件名標目表

【D】

DDC　→デューイ十進分類法

【E】

EC　→展開分類法

【N】

NDLSH　→国立国会図書館件名標

　目表

【O】

OPAC ····················· ⅲ , 31, 36, 46

分類記号索引

「第Ⅲ部　NDCマニュアル」は，見出しの分類記号順に配列してある。見出しには，複数の分類項目が並置されている場合が多いため，2番目以降の分類項目（分類項目名の一部を省略）を列挙し，対応する見出しの分類記号とページを参照できるようにした。

分類項目	見出しの分類記号	ページ
形式区分		
-02　歴史的・地域的論述	→　-012　vs.　-02	70
	→　-029　vs.　-02	72
-03　参考図書［レファレンスブック］	→　-05　vs.　-03	77
-031　書誌. 文献目録. 索引. 抄録集	→　-038　vs.　-031	75
-033　辞典. 事典. 引用語辞典. …	→　-028　vs.　-033	71
	→　（言語共通区分）-3　vs.（形式区分）-033	168
-035　名簿［ダイレクトリ］. 人名録	→　-028　vs.　-035	72
	→　-033　vs.　-035	73
-036　便覧. ハンドブック. ポケットブック	→　-033　vs.　-036	73
-04　論文集. 評論集. 講演集. 会議録	→　-05　vs.　-04	77
	→　-06　vs.　-04	78
	→　-076　vs.　-04	80
	→　-077　vs.　-04	80
	→　-08　vs.　-04	81
-05　逐次刊行物：新聞, 雑誌, 紀要	→　-03　vs.　-05	72
	→　-04　vs.　-05	76
	→　-06　vs.　-05	79
	→　-076　vs.　-05	80
	→　-077　vs.　-05	80
-059　年報. 年鑑. 年次統計. 暦書	→　-019　vs.　-059	71
-06　団体：学会, 協会, 会議	→　-035　vs.　-06	74

-07 研究法. 指導法. 教育	→ -016 vs. -07	70
-076 研究調査機関	→ -035 vs. -076 vs. -077	74
	→ -06 vs. -076	78
-077 教育・養成機関	→ -035 vs. -076 vs. -077	74
	→ -06 vs. -077	78
-08 叢書. 全集. 選集	→ -04 vs. -08	76
	→ （文学共通区分）-8 vs. （形式区分）-08	174

細目表

【0 類】

007.375 不正操作	→ 007.37 vs. 007.375 vs. 007.609	89
007.609 データ管理：データセキュリティ, …	→ 007.37 vs. 007.375 vs. 007.609	89
	→ 007.61 vs. 007.609	90
007.63 コンピュータシステム. ソフトウェア. …	→ 007.61 vs. 007.63	90
007.642 画像描画：コンピュータグラフィックス, …	→ 007.637 vs. 007.642	92
010.77 司書課程. 司書講習・研修	→ 010.7 vs. 010.77	94
015.5 移動図書館. ブックモビル	→ 012.89 vs. 015.5 vs. 537.99	94
015.9 利用対象別サービス	→ 015 vs. 015.9	95
016／018 各種の図書館	→ 010.2 vs. 016／018	94
018 専門図書館	→ 016.4 vs. 018	95
019.25 読書感想文. 読書記録	→ 015.6 vs. 019.25	95
021.43 編集者	→ 021.4 vs. 021.43	96
025.8 地方書誌. 郷土資料目録	→ 025 vs. 025.8 vs. 210／270	96
027.95 録音資料目録	→ 027.9 vs. 027.95	97
080 叢書. 全集. 選集	→ 040 vs. 080	98

【1 類】

120／130 各国の哲学・思想	→ 110 vs. 120／130	103
145.8 知能の異常	→ 493.77 vs. 145.8	144

146.8　カウンセリング．精神療法 ［心理療法］	→　　493.7　vs.　146.8	144
178.9　その他各派	→　　169　vs.　178.9　vs.　188.99 vs.　198.99	105
188.99　その他の宗派	→　　169　vs.　178.9　vs.　188.99 vs.　198.99	105
	→　　185.9　vs.　188.99 ＋（固有 補助表）-5	106
198.99　その他：神智教．無教会主 義	→　　169　vs.　178.9　vs.　188.99 vs.　198.99	105
【2 類】		
200　歴史	→　　312　vs.　200	122
	→　　360　vs.　362　vs.　200 vs.　302	132
	→　　391.2　vs.　　　396.3　vs. 397.3　vs.　398.3　vs.　200	138
210／270　各国・各地域の歴史	→　　025　vs.　025.8　vs.　210 ／270	96
210.17　災異史	→　　450.98，451.98，453.2，517.4 vs.　369.3　vs.　210.17	140
210.18　対外交渉史	→　　319　vs.　210.18	123
221.01　通史：興亡史．文化史．民 族史．…	→　　319　vs.　221.01	123
222.01　通史：興亡史．文化史．民 族史．…	→　　319　vs.　222.01	124
222.043　三国時代 220-280	→　　222.04　vs.　222.043	110
232　古代ローマ	→　　231　and　232	110
280　伝記	→　（文 学 共 通 区 分）-5　vs. 280	173
281.02　忌辰録．墓誌	→　　280.2　and　281.02	116
290　地理．地誌．紀行	→　　200　vs.　290　vs.　302	109
	→　　402.9　vs.　290　vs.　462	140
	→　（文 学 共 通 区 分）-5　vs. 290	173

【3 類】

302　政治・経済・社会・文化事情	→ 200 vs. 290 vs. 302	109
	→ 290 vs. 302	117
	→ 360 vs. 362 vs. 200 vs. 302	132
304　論文集. 評論集. 講演集	→ 302 vs. 304	120
311.7　民主主義	→ 309.1 vs. 311.7 vs. 313.7	121
313.7　民主制：共和制. 議会政治	→ 309.1 vs. 311.7 vs. 313.7	121
317.9　外国の中央行政	→ 317 vs. 317.9	122
318.9　外国の地方行政	→ 318 vs. 318.9	122
322.9　外国法	→ 320 vs. 322.9	124
323.99　外国の行政法	→ 323.9 vs. 323.99	126
324.9　外国の民法	→ 324 vs. 324.9	126
325.9　外国の商法	→ 325 vs. 325.9	126
326.56　犯罪者予防更生. 保護観察. 更生保護	→ 369.75 vs. 326.56	136
326.9　外国の刑法	→ 326 vs. 326.9	126
327.9　外国の司法制度・訴訟制度	→ 327 vs. 327.9	127
［328］　諸法	→ 326.8 vs. ［328］	127
331.8　経済各論	→ 331.3／.7 vs. 331.8	128
332　経済史・事情. 経済体制	→ 333.1／.5 vs. 332	129
336.1019（336.1＋形式区分 -019 数学的・統計学的研究）	→ 336.1 vs. 336.1019（336.1＋形式区分 -019）	130
336.48　福利厚生. 安全. 衛生	→ 366.34 vs. 366.99 vs. 336.48 vs. 509.8 vs. 498.8	133
336.9　財務会計［企業会計］. 会計学	→ 335 vs. 336.9	130
336.983　収得税：所得税. 法人税	→ 345.1 vs. 336.983	132
338.1　金融市場. 資金	→ 331.87 vs. 338.1 vs. 509.3	128
342　財政史・事情	→ 343 vs. 342	131
345.2　租税史・事情	→ 345.3／.7 vs. 345.2	132
349.2　地方財政史・事情	→ 349.5 vs. 349.2	132
350.9　世界統計書	→ 059 vs. 350.9 and 351	99

	／357	
351／357 一般統計書	→ 059 vs. 350.9 and 351／357	99
358 人口統計. 国勢調査	→ 339.431 vs. 358	131
361.42 地方性. 国民性. 民族性	→ 302 vs. 361.42 vs. 361.5	120
361.453 マスコミュニケーション. マスメディア	→ 070 vs. 361.453 vs. 699	101
361.5 文化. 文化社会学	→ 302 vs. 361.42 vs. 361.5	120
361.65 機能集団	→ 065 vs. 361.65	100
362 社会史. 社会体制	→ 360 vs. 362 vs. 200 vs. 302	132
365.35 集合住宅：公団住宅, 公営住宅. 団地. …	→ 591.6 vs. 365.35	152
365.37 貸間. 下宿	→ 591.7 vs. 365.37	152
365.89 消費者問題苦情処理機関	→ 365 vs. 365.89	133
366.99 労働衛生. 産業衛生	→ 366.34 vs. 366.99 vs. 336.48 vs. 509.8 vs. 498.8	133
367.2 女性史・事情	→ 367.1 vs. 367.2	135
369.3 災害. 災害救助	→ 450.98, 451.98, 453.2, 517.4 vs. 369.3 vs. 210.17	140
373.1 教育政策. 教育制度. 学校制度	→ 372 vs. 373.1	137
374.6 家庭と学校との関係：PTA, 学校父母会, 後援会, 同窓会	→ 374.1 vs. 374.6	137
375.18 特別活動：ホームルーム, クラブ活動, 話し合い	→ 374.1 vs. 375.18	137
375.9 教科書	→ （形式区分）–078 vs. 375.9	81
376 幼児・初等・中等教育	→ 370 vs. 376 vs. 377	136
377 大学. 高等・専門教育. 学術行政	→ 370 vs. 376 vs. 377	136
392 国防史・事情. 軍事史・事情	→ 393 vs. 392	139
396.3 陸戦. 戦闘	→ 391.2 vs. 396.3 vs. 397.3 vs. 398.3 vs. 200	138
397.3 海戦. 海上作戦. 船団護衛	→ 391.2 vs. 396.3 vs. 397.3	138

	vs. 398.3 vs. 200	
398.3 空中戦. 航空作戦	→ 391.2 vs. 396.3 vs. 397.3 vs. 398.3 vs. 200	138
【4 類】		
402.9 科学探検・調査	→ 29△091 vs. 402.9 vs. 462	118
420 物理学	→ 592.2 vs. 420	152
430 化学	→ 592.3 vs. 430	152
451.98 気象災害誌	→ 450.98, 451.98, 453.2, 517.4 vs. 369.3 vs. 210.17	140
453.2 地震誌	→ 450.98, 451.98, 453.2, 517.4 vs. 369.3 vs. 210.17	140
462 生物地理. 生物誌	→ 29△091 vs. 402.9 vs. 462	118
	→ 402.9 vs. 290 vs. 462	140
472 植物地理. 植物誌	→ 471.72／.78 vs. 472	142
482 動物地理. 動物誌	→ 481.72／.76 vs. 482	142
491.143 口. 舌. 歯. 口蓋. 唇	→ 497.11 vs. 491.143	144
491.343 口. 歯. 唾液腺. そしゃく	→ 497.13 vs. 491.343	144
491.4 生化学	→ 464 vs. 491.4	141
492.3 化学療法. 薬物療法	→ 491.65 vs. 492.3 vs. 494.53	142
492.48 アイソトープ	→ 492.4 vs. 492.48	143
492.79 民間療法：触手療法	→ 492.75 vs. 492.79	143
494.53 化学療法	→ 491.65 vs. 492.3 vs. 494.53	142
494.54 放射線療法	→ 492.4 vs. 494.54	143
498.5 食品. 栄養	→ 596.1 vs. 498.5	153
498.8 労働衛生. 産業衛生	→ 366.34 vs. 366.99 vs. 336.48 vs. 509.8 vs. 498.8	133
【5 類】		
501.24 振動工学. 音響工学. 超音 波工学	→ 007.6 vs. 501.24	90
502 技術史. 工学史	→ 402 vs. 502	140

509.3 工業金融. 工業資金. 設備資金	→ 331.87 vs. 338.1 vs. 509.3	128
509.6 生産管理. 生産工学. 管理工学	→ 336.57 vs. 509.6	131
509.8 工業災害. 労働災害. 工場安全	→ 366.34 vs. 366.99 vs. 336.48 vs. 509.8 vs. 498.8	133
514.7 地下道. 高架道路［歩道橋］	→ 515 vs. 514.7	147
517.4 洪水. 水害誌	→ 450.98, 451.98, 453.2, 517.4 vs. 369.3 vs. 210.17	140
518.87 防災計画	→ 369.3 vs. 518.87	135
	→ 518.8 vs. 518.87	147
520.79 建築士試験	→ 520 vs. 520.79	148
521.8 各種の日本建築. 国宝・重要文化財の建造物	→ 521.2／.6 vs. 521.8	148
526／527 各種の建築	→ 521／523 vs. 526／527	148
527 住宅建築	→ 521.863 vs. 527 vs. 791.6	149
527.7／.9 各種の住宅	→ 527.2／.6 vs. 527.7／.9	150
537.99 その他の自動車	→ 012.89 vs. 015.5 vs. 537.99	94
544.49 電力設備	→ 528.43 vs. 544.49	150
547 通信工学. 電気通信	→ 007 vs. 547 vs. 548 vs. 694	87
547.48 情報通信. データ通信. コンピュータネットワーク	→ 007.3 vs. 547.48	88
	→ 007.353 vs. 547.48	89
	→ 007.63 vs. 547.48	91
547.4833 公衆データ通信網. 広域データ通信網. インターネット	→ 007.6389 vs. 547.4833 vs. 694.5	93
547.62 移動無線：航空機局, 車両局, 船舶局	→ 547.464 vs. 547.62 vs. 694.6	150
548 情報工学	→ 007 vs. 547 vs. 548 vs. 694	87
548.295 パーソナルコンピュータ ［パソコン］, …	→ 007.63 vs. 548.295	91
559 兵器. 軍事工学	→ 390 vs. 559	138
559.5 航空兵器. 誘導ミサイル・ロ	→ 559.22 vs. 559.5	151

ケット兵器			
585.3 製紙原料. パルプ. 木材パルプ	→	658.4 vs. 585.3	157
588.51 醸造学. 発酵. 工業微生物学	→	579.97 vs. 588.51	151
589.218／.219 特定素材の衣服	→	589.21 vs. 589.218／.219	151
591.8 家計. 家計簿記	→	591 vs. 591.8	151
596.37 野菜料理	→	596.3 vs. 596.37	153

【6 類】

601 産業政策・行政. 総合開発	→	333.5 vs. 601	129
612 農業史・事情	→	611 vs. 612	154
613.59 各地の土壌. 土性図	→	613.58 vs. 613.59	155
616 食用作物	→	615 vs. 616 vs. 619	155
619 農産物製造・加工	→	615 vs. 616 vs. 619	155
622 園芸史・事情	→	621 vs. 622	155
628 園芸利用	→	625／627 vs. 628	156
629.4 自然公園. 国立・国定・公立公園	→	29△093 vs. 629.4	119
632 蚕糸業史・事情	→	631 vs. 632	156
642 畜産史・事情	→	641 vs. 642	156
648 畜産製造. 畜産物	→	645／646 vs. 648	156
649.1 獣医解剖学・組織学・発生学	→	481.1 vs. 649.1	142
652 森林史. 林業史・事情	→	651 vs. 652	157
656.5 森林治水. 治山事業. 砂防工学	→	653.9 vs. 656.5	157
659.7 鳥獣保護・繁殖：禁猟，禁猟区	→	659 vs. 659.7	158
662 水産業および漁業史・事情	→	661 vs. 662	158
673.93 リース業. 人材派遣業. 民営職業紹介所. …	→	366.8 vs. 673.93	135
673.97 飲食店：食堂，レストラン	→	29△093 vs. 673.97	119
675 マーケティング	→	336 vs. 675	130
694 電気通信事業	→	007 vs. 547 vs. 548 vs. 694	87
	→	007.35 vs. 694	88

分類記号索引········205

694.5　データ伝送．データ通信事業	→ 007.6389 vs. 547.4833 vs. 694.5	93
694.6　電話	→ 007.63 vs. 694.6	92
	→ 007.64 vs. 694.6	93
	→ 547.464 vs. 547.62 vs. 694.6	150
699　放送事業：テレビ．ラジオ	→ 070 vs. 361.453 vs. 699	101
【7 類】		
700　芸術．美術（固有補助表）-087　美術図集	→ （形式区分）-038 vs. （700 固有補助表）-087	75
702.097　神道芸術	→ 176.7 vs. 768.2 vs. 702.097	106
702.098　仏教芸術	→ 186.7 vs. 702.098	106
702.099　キリスト教芸術	→ 196.7 vs. 702.099	107
703.8　美術品目録	→ 069.9 vs. 703.8 vs. 708.7	100
708.7　美術図集	→ 069.9 vs. 703.8 vs. 708.7	100
723.1／.7（洋画 -- 地理区分）	→ 723.02／.07 vs. 723.1／.7	162
727　グラフィックデザイン．図案	→ 007.642 vs. 727	93
748　写真集	→ 29△087 vs. 748	117
765.6　聖歌．讃美歌	→ 196.5 vs. 765.6	107
767.8　歌謡曲．流行歌．シャンソン．ジャズソング	→ 764.7 vs. 767.8	163
768.2　雅楽．舞楽	→ 176.7 vs. 768.2 vs. 702.097	106
773　能楽．狂言	→ 772.1／.7 vs. 773 and 774 and 777	164
774　歌舞伎	→ 772.1／.7 vs. 773 and 774 and 777	164
777　人形劇	→ 772.1／.7 vs. 773 and 774 and 777	164
778.8　テレビ演劇．放送劇	→ 699.67 vs. 778.8	160
786.3　キャンピング．ホステリング	→ 29△093 vs. 786.3	119

788.6　競輪	→　786.5　vs.　788.6	164
788.7　オートレース：カーレース，ラリー，…	→　786.6　vs.　788.7	165
791.6　茶室．茶庭．茶花	→　521.863　vs.　527　vs.　791.6	149
799　ダンス	→　769　vs.　799	164
【8類】		
809.2／.6　話し方／討論・会議法	→　（言語共通区分）-78　vs.　809.2／.6	169
【9類】		
〈910／990　各言語の文学〉文学共通区分		
-1　詩歌	→　（文学共通区分）-2　vs.　-1	171
	→　（文学共通区分）-3　vs.　-1　or　-2	172
-2　戯曲	→　（文学共通区分）-1　vs.　-2	170
	→　（文学共通区分）-3　vs.　-1　or　-2	172
-3　小説．物語	→　（文学共通区分）-5　vs.　-3	173
9□4　評論．エッセイ．随筆	→　049　vs.　9□4	99
9□5　日記．書簡．紀行	→　29△09　vs.　9□5	118

●編著者紹介

小林　康隆（こばやし　やすたか）
　1953 年生
　神奈川大学外国語学部スペイン語学科卒業
　東京農業大学図書館，東京情報大学教育研究情報センターなどを経て
　現在　聖徳大学文学部准教授
　主著　『改訂 情報資源組織論』（共著，樹村房），『改訂 情報資源組織演習』（共著，樹村房），ほか

日本図書館協会分類委員会委員 （2017 年 3 月現在）

　委員長：中井万知子（立正大学）
　委　員：大曲　俊雄
　　　　　黒田　一郎（町田市立図書館）
　　　　　小林　康隆（聖徳大学）
　　　　　坂本　　知（図書館流通センター）
　　　　　田村由紀子（国立国会図書館）
　　　　　土井　喜之（国立国会図書館）
　　　　　藤倉　恵一（文教大学越谷図書館）

> 視覚障害者その他活字のままではこの本を利用できない人のために，日本図書館協会及び著者に届け出る事を条件に音声訳（録音図書）及び拡大写本，電子図書（パソコンなど利用して読む図書）の製作を認めます。但し，営利を目的とする場合は除きます。

◆JLA 図書館実践シリーズ　32

NDC の手引き
「日本十進分類法」新訂 10 版入門

2017 年 4 月 10 日　　初版第 1 刷発行 ©
2022 年 6 月 30 日　　初版第 3 刷発行

定価：本体 1600 円（税別）

編著者：小林康隆
監修者：日本図書館協会分類委員会
発行者：公益社団法人　日本図書館協会
　　　　〒 104-0033　東京都中央区新川 1-11-14
　　　　Tel 03-3523-0811 ㈹　Fax 03-3523-0841
デザイン：笠井亞子
印刷所：藤原印刷株式会社
Printed in Japan
JLA202207　　ISBN978-4-8204-1700-2
本文の用紙は中性紙を使用しています。

JLA 図書館実践シリーズ　刊行にあたって

　日本図書館協会出版委員会が「図書館員選書」を企画して 20 年あまりが経過した。図書館学研究の入門と図書館現場での実践の手引きとして，図書館関係者の座右の書を目指して刊行されてきた。

　しかし，新世紀を迎え数年を経た現在，本格的な情報化社会の到来をはじめとして，大きく社会が変化するとともに，図書館に求められるサービスも新たな展開を必要としている。市民の求める新たな要求に対応していくために，従来の枠に納まらない新たな理論構築と，先進的な図書館の実践成果を踏まえた，市民と図書館員のための出版物が待たれている。

　そこで，新シリーズとして，「JLA 図書館実践シリーズ」をスタートさせることとなった。図書館の発展と変化する時代に即応しつつ，図書館をより一層市民のものとしていくためのシリーズ企画であり，図書館にかかわり意欲的に研究，実践を積み重ねている人々の力が出版事業に生かされることを望みたい。

　また，新世紀の図書館学への導入の書として，市民の図書館利用を啓発する書として，図書館員の仕事の創意や疑問に答えうる書として，図書館にかかわる内外の人々に支持されていくことを切望するものである。

2004 年 7 月 20 日

日本図書館協会出版委員会

委員長　松島　茂

図書館員と図書館を知りたい人たちのための新シリーズ！
JLA図書館実践シリーズ 既刊40冊，好評発売中

（価格は本体価格）

1. **実践型レファレンスサービス入門　補訂2版**
   斎藤文男・藤村せつ子著／203p／1800円

2. **多文化サービス入門**
   日本図書館協会多文化サービス研究委員会編／198p／1800円

3. **図書館のための個人情報保護ガイドブック**
   藤倉恵一著／149p／1600円

4. **公共図書館サービス・運動の歴史1**　そのルーツから戦後にかけて
   小川徹ほか著／266p／2100円

5. **公共図書館サービス・運動の歴史2**　戦後の出発から現代まで
   小川徹ほか著／275p／2000円

6. **公共図書館員のための消費者健康情報提供ガイド**
   ケニヨン・カシーニ著／野添篤毅監訳／262p／2000円

7. **インターネットで文献探索　2022年版**
   伊藤民雄著／207p／1800円

8. **図書館を育てた人々　イギリス篇**
   藤野幸雄・藤野寛之著／304p／2000円

9. **公共図書館の自己評価入門**
   神奈川県図書館協会図書館評価特別委員会編／152p／1600円

10. **図書館長の仕事**　「本のある広場」をつくった図書館長の実践記
    ちばおさむ著／172p／1900円

11. **手づくり紙芝居講座**
    ときわひろみ著／194p／1900円

12. **図書館と法**　図書館の諸問題への法的アプローチ　改訂版　増補
    鑓水三千男著／354p／2000円

13. **よい図書館施設をつくる**
    植松貞夫ほか著／125p／1800円

14. **情報リテラシー教育の実践**　すべての図書館で利用教育を
    日本図書館協会図書館利用教育委員会編／180p／1800円

15. **図書館の歩む道**　ランガナタン博士の五法則に学ぶ
    竹内悊解説／295p／2000円

16. **図書分類からながめる本の世界**
    近江哲史著／201p／1800円

17. **闘病記文庫入門**　医療情報資源としての闘病記の提供方法
    石井保志著／212p／1800円

18. **児童図書館サービス1**　運営・サービス論
    日本図書館協会児童青少年委員会児童図書館サービス編集委員会編／310p／1900円

19. **児童図書館サービス2**　児童資料・資料組織論
    日本図書館協会児童青少年委員会児童図書館サービス編集委員会編／322p／1900円

20. **「図書館学の五法則」をめぐる188の視点**　『図書館の歩む道』読書会から
    竹内悊編／160p／1700円

図書館員と図書館を知りたい人たちのための新シリーズ！

JLA 図書館実践シリーズ 既刊40冊, 好評発売中

21. 新着雑誌記事速報から始めてみよう RSS・APIを活用した図書館サービス
牧野雄二・川嶋斉著／161p／1600円

22. 図書館員のためのプログラミング講座
山本哲也著／160p／1600円

23. RDA入門 目録規則の新たな展開
上田修一・蟹瀬智弘著／205p／1800円

24. 図書館史の書き方, 学び方 図書館の現在と明日を考えるために
奥泉和久著／246p／1900円

25. 図書館多読への招待
酒井邦秀・西澤一編著／186p／1600円

26. 障害者サービスと著作権法 第2版
日本図書館協会障害者サービス委員会, 著作権委員会編／151p／1600円

27. 図書館資料としてのマイクロフィルム入門
小島浩之編／180p／1700円

28. 法情報の調べ方入門 法の森のみちしるべ 第2版
ロー・ライブラリアン研究会編／221p／1800円

29. 東松島市図書館 3.11からの復興 東日本大震災と向き合う
加藤孔敬著／270p／1800円

30. 「図書館のめざすもの」を語る
第101回全国図書館大会第14分科会運営委員編／151p／1500円

31. 学校図書館の教育力を活かす 学校を変える可能性
塩見昇著／178p／1600円

32. NDCの手引き 「日本十進分類法」新訂10版入門
小林康隆編著, 日本図書館協会分類委員会監修／207p／1600円

33. サインはもっと自由につくる 人と棚とをつなげるツール
中川卓美著／177p／1600円

34. 〈本の世界〉の見せ方 明定流コレクション形成論
明定義人著／142p／1500円

35. はじめての電子ジャーナル管理
保坂睦著／241p／1800円

36. パッと見てピン！動作観察で利用者支援 理学療法士による20の提案
結城俊也著／183p／1700円

37. 図書館利用に障害のある人々へのサービス 上巻 利用者・資料・サービス編 補訂版
日本図書館協会障害者サービス委員会編／304p／1800円

38. 図書館利用に障害のある人々へのサービス 下巻 先進事例・制度・法規編 補訂版
日本図書館協会障害者サービス委員会編／320p／1800円

39. 図書館とゲーム イベントから収集へ
井上奈智・高倉暁大・日向良和著／170p／1600円

40. 図書館多読のすすめかた
西澤一・米澤久美子・粟野真紀子編著／198p／1700円